사람의 자리

삶을 지켜내는 과학을 위하여

전치형

서울대학교 전기공학부를 졸업하고 같은 대학 대학원 '과학사 및
과학철학 협동과정'에서 공부했다. 미국 MIT에서 과학기술사회론
STS: Science, Technology & Society 전공으로 박사학위를 받고
독일 막스플랑크 과학사 연구소에서 박사후연구원 과정을 밟았다.
현재 카이스트 과학기술정책대학원 교수로서 학생들과 함께
공부하고 있으며, 인간과 테크놀로지의 관계, 정치와 엔지니어링의
얽힘, 로봇과 시뮬레이션의 문화에 관심을 갖고 연구와 저술 활동을
하고 있다. 미세먼지, 세월호 참사, 지하철 정비, 통신구 화재 등의
사건으로부터 로봇과 인공지능, 4차 산업혁명과 인류세 등의
주제들까지 과학적 지혜와 사회적 합의가 필요한 영역들을 주목하고
고민한다. 2017년 창간한 과학잡지 『에피』편집위원으로 활동하고
있으며, 그동안 펴낸 책으로 『미래는 오지 않는다』(홍성욱과 공저),
『호흡공동체』(김성은, 김희원, 강미량과 공저) 등이 있다.

사람의 자리

전치형

삶을 지켜내는 과학을 위하여

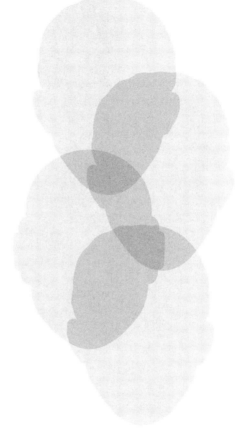

이음

차례

프롤로그

살 만한 세상을 만드는 과학

알아내다: (사람이 모르던 일을) 어떤 방법을 통하여
새로 밝히어 알다.
마련하다: (사람이 필요한 것을) 준비하거나 헤아려 갖추다.
_『고려대 한국어대사전』

우리는 세계를 얼마나 새로 밝히어 알려 하는가? 우리는 누구를 위해 무엇을 준비하거나 헤아려 갖추고자 하는가? 다시 말해, 우리는 과연 어디까지 알아내고 마련할 의지가 있는가? 과학기술이란 바로 이 질문들에 대한 우리 사회의 답변이다. 과학기술은 인간이 사회적 존재로서 자신의 삶을 지속하기 위해 필요한 것을 알아내고 마련하는 행위다. 한 사회의 알아내려는 의지와 마련하려는 의지가 사람과 물질과 제도를 통해 구현된 것이 과학기술이다. 이 책은 지난 몇 년 동안 한국 사회가 과학기술을 통해 이 질문들에 어떻게 답해왔는지 관찰한 기록이다.

'발견하다', '실험하다', '연구하다' 등 과학 활동을 묘사하는 여러 동사들을 포괄하는 단어로 '알아내다'를 내세우면서, 이 책은 한국 사회가 무엇을 새로 밝히어 알고자 했고, 무엇은 굳이 밝히어 알려고 하지 않았는지 묻는다. 우리는 무엇을 알아내고야 말겠다고 결정했으며, 거기에 얼마나 많은 사람과 돈과 시간을 배치하고 있는가? 또 우리는 무엇을 알아내지 않기를 선택했으며, 그로부터 어떻게 눈을 돌리고 딴청을 피우고 있는가? 이 질문들에 대한 답은 한국의 과학이 작동하는 방식을 보여주는 동시에 한국 사회가 작동하는 원리를 드러낸다. 과학은 한 사회가 가진 앎의 의지의 표현이기 때문이다.

'마련하다'는 테크놀로지가 사회적 제도로 존재하는 이유를 가장 잘 설명해주는 단어다. 테크놀로지는 단지 돈이 되는 것을 설계하고 개발하는 활동이 아니라 한 공동체의 생존과 유지와 발전을 위해 필요한 것을 마련하는 행위다. 공동체의 겉모습에 화려한 장식을 달아주는 것도 필요하지만, 그보다 더 중요한 것은 공동체의 기반이 무너지지 않도록 살피고 보수하는 일이다. 누구에게 무엇이 필요한지를 결정하고 그것을 어떻게 마련할지를 결정하는 것, 즉 어떤 테크놀로지를 어떻게 구현할 것인지를 결정하는 것은 이 사회가 지향하는 가치를 공개적으로, 물질적으로 표출하는 일이다. 한 사회가 무엇을 어떻게 마련하는지를 관찰함으로써 우리는 그 사회의 정체를 파악할 수 있다.

이 책은 그동안 과학기술이 많은 것을 알아내고 마련해왔지만 저절로 알게 되고 마련되는 것은 없었다는 당연한 사실을 강조한다. 하나의 사실을 알아내고 하나의 장치를 마련하는 과정은 길고 값비싸다. 알아내고 마련할 대상을 정하고, 그 방법을 고안하고, 예산을 배정하고, 그 일을 할 사람을 키워서 배치하고, 그 과정을 기록하여 결과를 검증하고, 그렇게 해서 얻은 결과를 널리 알리고, 보존하고, 개선하면서 한 사회는 조금씩 더 살 만한 곳이 된다. 새로운 것을 알아내고 마련하는 것은 한 사회가 실수와 오류를 수정하면서 앞으로 나아갈 수 있는 거의 유일한 방법이다.

반면 알아야 할 것들을 알아내지 않기로 (대개는 암묵적으로) 결정하고 마련해야 할 것들을 다음으로 미루거나 건너

뛰기로 결정함으로써 그 사회는 정체하거나 후퇴한다. 기후 변화에 대한 고의적 무지와 무관심이 그렇고, 교통·통신·에 너지 인프라의 유지와 관리에 대한 무시가 그렇다. 세월호 참사의 전모를 알아내는 일에 한국 사회는 얼마나 의지를 보여왔는가? 이것을 알아내지 못하고 넘어가도 우리는 공동체를 유지할 수 있을 것인가? 코로나19와 폭염 등 새로운 위험에 더 쉽게 노출되어 있는 사람들의 삶의 조건에 대해 우리는 얼마나 잘 알고 있는가? 발전소 컨베이어 벨트 주위를 맴돌며 일하는 사람들의 목숨을 위해 한국 사회는 무엇을 마련해왔는가? 이들의 삶을 떠받치는 과학기술은 어떤 모습이어야 하는가?

알아내고 마련하는 과학기술은 결국 사람의 자리로 우리를 이끈다. 2020년대 한국에서 과학기술 옆에 놓인 사람의 자리는 여전히 어색하고 불안하고 위험하다. 과학이 주는 기쁨, 기술이 주는 편리는 모두에게 똑같이 다가오지 않는다. 우리는 항상 과학기술이 우리 삶의 자리를 마련해줄 것을 기대하지만, 때로는 과학기술이 사람의 자리를 위협하는 것만 같다. 우리는 보편적이고 추상적인 인간으로서가 아니라 여자와 남자, 장애인과 비장애인, 동성애자와 이성애자, 노인과 젊은이, 빈자와 부자, 비정규직과 정규직 같은 구체적인 사람의 자리에서 과학기술을 대면하기 때문이다. 여성과 장애인과 동성애자는 과학자로서 자유롭고 공평하게 앎의 의지를 실천할 수 있는가? 비정규직 기술자는 자신이 작동하고 관리하는 기계에 눌려 죽지 않을 수 있는가? 흑인보다 백인을 알아보는 데에 더 능숙한 인공지능이 내리는 판단을 우리는 어디까지 믿어야 하는가? 이렇게 다양한 사안들이 모두 과학의 문제인 동시에 우리 삶과 사회의 문제다. 충분히 알아내고 마련함으로써 사람의 자리를 확인하고, 지키고, 가꾸는 것은 과학과 사회 모두의 일이다.

이 책에 실린 글들은 과학기술의 안에, 옆에, 뒤에 있는 사람의 자리를 살핀다. 보편적인 과학기술에 대한 추상적 진단이나 선언이 아니라, 지난 몇 년 동안 한국 사회를 배경으로 펼쳐진 과학기술 활동에 대한 관찰과 기록이다. 과학기술은 대학 실험실에만 있는 것이 아니라 국회에도, 광화문에도, 진도 앞바다와 목포신항에도, 제주도의 공장에도, 서울의 지하철 플랫폼에도, 태안 화력발전소에도 있다. 정치에서 연예까지 신문의 모든 섹션에 과학기술이 등장하고, 텔레비전 드라마와 예능 프로그램에서도 사람들은 과학기술과 얽혀서 산다. 그러니까 사람이 있는 모든 곳에 과학기술이 있고, 과학기술이 있는 모든 곳에 사람이 있다.

천재, 노벨상, 4차 산업혁명 같은 인기 키워드만으로 과학기술이 사람의 자리를 마련하거나 흔들거나 위협하는 양식을 다 포착할 수는 없었다. 번뜩이는 천재성과 파괴적 혁신이 필요한 순간도 있겠지만, 한 사회 속에서 과학기술과 사람의 자리를 함께 마련하는 데에는 당면한 문제에 대한 공동의 인식, 일하는 사람과 환경에 대한 꾸준한 관심과 지원, 과학기술의 영향을 받게 될 이들의 삶에 대한 윤리적·문화적·정치적 고려가 필수적이라는 사실을 확인할 수 있었다. 코로나19 팬데믹을 통해서도 드러난 것처럼, 한 사회가 처한 곤경은 몇 명의 천재 과학기술자가 마법사처럼 등장해서 해결할 수 없다. 인공지능과 로봇이 활약하는 4차 산업혁명 시대라고 해도 사실 우리는 매일같이 출근해서 시스템을 점검하고 유지하고 개선하는 수많은 메인테이너maintainer(지키는 사람)에게 더 큰 빚을 지고 있다. 거대하고 복잡하고 위협적인 과학기술 시스템 속에서 그들은 하루하루 자신의 자리를 지킴으로써 우리 모두의 자리를 지킨다.

과학기술의 언저리에서 사람의 자리를 찾으려는 시도를 통해서 이 책은 몇 가지 큰 물음도 슬쩍 던진다. 과학기술은 과연 이 땅을 더 살 만한 곳으로 만드는 데에 기여할 수 있는가? 가짜뉴스와 탈진실post-truth의 시대에도 계속 과학기술을 신뢰하는 것이 가능한가? 전문가라는 사람들이 몇 년에 걸쳐 노력해도 세월호 침몰 원인에 대한 설명을 하나로 모아내지 못하는데도 우리는 이 사회를 더 안전한 곳으로 만드는 동력으로 과학기술을 인정해야 하는가? 코로나19와 같은 대규모 재난이 연달아 발생하는 세계에서 과학기술은 생명을 구하고 약자를 돌보고 공동체를 유지하는 역할을 맡을 수 있는가?

이 질문들에 긍정의 답을 하기 위해 반드시 과학의 보편성, 객관성, 합리성 같은 거창한 개념들을 동원할 필요는 없다. 과학은 시공간을 초월한 진리이기 때문에 아름답고 훌륭한 것이 아니며, 구체적인 시공간의 지저분한 현실에서 우리가 믿고 쓸 수 있는 정돈된 지식과 듬직한 도구가 되어준다는 점 때문에 더 귀하다. 우리는 2인 1조로 12시간씩 교대근무를 하며 미세먼지 데이터를 분석하고 예보를 내보내는 대기과학자들, 콜센터와 요양병원처럼 코로나19 집단감염이 발생한 곳에서 공기와 바이러스의 흐름을 따라다니는 역학자들, 세월호의 선박자동식별시스템AIS과 블랙박스 데이터를 파헤치고 모형 배를 수백 번씩 물에 띄웠던 조사관들에게서 한 공동체의 삶을 계속 꾸려가기 위해 필요한 것은 무엇이든 알아내고 마련하려는 의지를 발견한다. 이들은 과학의 이름으로 사람의 자리를 찾아내고 기억한다. 해결사도 마법사도 아닌 이들의 일을 통해 과학과 세상은 모두 조금씩 더 나아질 것이다.

2018년 2월 울산과학기술원UNIST을 졸업하는 학생들에게 보내는 축사에서 문재인 대통령은 "여러분의 과학이 공동체의 삶 속에서 빛나기 바랍니다"라고 당부했다. 과학자든 아니든 공동체를 이룬 사람들의 삶은 과학의 행보와 무관할 수 없다. 하나를 알아낸 다음 또 무엇을 알아낼지, 하나를 마련한 다음 또 무엇을 마련할지 고민하면서 과학은 공동체의 삶 속에서 앞으로 나아간다. 과학은 공동체의 삶을 구성하고 이끌고 뒷받침하는 역할을 맡을 수 있고, 또 그렇게 할 때 가장 빛날 수 있다. 과학의 빛은 사람의 자리를 비춘다.

이 책을 엮기 위해 그동안 여러 매체에 기고한 글을 조금씩 수정하고, 필요한 경우에는 후기를 덧붙였다.『세월호 선체조사위원회 종합보고서』의 서문으로 작성한 내용도 옮겨 실었다. 흩어져 있던 글들을 모으고, 배치하고, 고치면서 과학-기술-사회에 대한 생각을 다시 한번 정리하는 시간을 가질 수 있었다. 신문과 잡지에 글을 쓸 기회를 주신 분들, 초고를 읽고 함께 얘기를 나누어준 카이스트 학생들, 흩어져 있는 글들을 엮고 다듬어서 책으로 만들어주신 이음 관계자 분들께 감사드린다.

2019년 4월에 『사람의 자리』를 펴낸 이후 과학에도 테크놀로지에도 한국 사회에도 많은 변화가 있었다. 코로나19가 모두의 삶을 뒤흔들어 놓으면서 과학, 의료, 정치, 사회가 관계를 맺는 방식에 대한 관심이 늘었다. 인공지능과 로봇에 기반한 4차 산업혁명이 진행중인지, 끝났는지, 아직 시작되지도 않았는지, 혹은 그것이 과연 혁명이긴 한 것인지에 대해서는 여전히 말이 많다. 기계를 다루고 시스템을 정비하다가, 그러니까 우리 삶을 떠받치는 일을 하다가 그 기계에 눌리고 치여 죽는 일은 계속되었다. 문재인 정부에서 과학과 기술은 얼마나 나아졌는지, 과학기술과 얽혀 돌아가는 삶들은 얼마나 나아졌는지 따져 묻는 목소리도 크다.

지난 2년 반 동안 한국의 과학-기술-사회에서 벌어진 일들을 목격하면서 쓴 글들을 추가하고 다듬어서 개정확장판을 준비했다. 그러면서 본래 한 권에 묶여 있던 글들과 새롭게 추가된 글들을 한데 모은 다음 두 갈래로 나누어 보았다. 과학과 사람과 사회의 관계에 대한 글은 『사람의 자리』에, 인공지능과 로봇처럼 인간과 밀접한 관계를 맺는 테크놀로지에 대한 글은 『로봇의 자리』에 담았다. 몇몇 글에서 문장을 다듬고 제목을 고치기도 했다.

과학 안에서 또 과학을 통해 사람의 자리를 마련하고, 인간 옆에서 또 인간을 통해 로봇의 자리를 발견하는 일에 대한 생각을 조금씩 쌓다 보니 두 권의 책이 되었다. 독자의 관심사에 따라 둘 중 어느 쪽을 먼저 읽어도 괜찮지만 두 권의 얘기가 서로 맞닿아 있음을 알아주시기를 희망한다.

1장

코로나19 속 과학과 삶

코로나19 시대의
전문가

중국발 입국 금지, 마스크 착용 권고, 개학 연기 등 코로나19 사태 중 논란이 있을 때마다 "정부는 전문가의 말을 들어라"라는 주장이 많이 나왔다. 정부는 당연히 전문가의 말을 들어야 한다. 문제는 우리가 코로나19라는 총체적 재난 앞에서 무엇을 전문으로 하는 어떤 전문가의 말을 들어야 하느냐는 것이다. 더구나 전문가들이 각자 코로나19가 자신의 전문 영역이라고 주장할 때 서로 다른 관점과 제안을 취합하고 조정하는 것은 어떻게 가능한가.

훗날 한국의 코로나19 대응을 복기할 때 반드시 등장하게 될 몇몇 회의에서 그 힌트를 얻을 수 있다. 질병관리본부

(질본)의 '원인불명 감염병 진단분석 태스크포스'는 2019년 12월 17일 중국 여행에서 돌아온 가족이 원인을 알 수 없는 폐렴을 앓기 시작하고 이것이 병원과 직장을 통해 확산되는 시나리오를 놓고 도상훈련을 했다(『한국일보』 보도). 11월 중순부터 중국에서 감염 사례가 발생하기 시작했지만 아직 코로나19 감염증의 원인인 바이러스가 공인되지도 않았을 때였다. 질본의 바이러스 연구원과 역학조사관들이 태스크포스의 이상원 질본 감염병진단관리과장 등과 함께 훈련에 참여했다.

2020년 1월 10일에는 질본의 '감염병 위기관리대책 전문위원회'가 서울 시내에서 회의를 열었다. 질본의 운영규정에 따르면 이 전문위원회에는 '감염병의 예방 또는 관리 업무를 담당하는 공무원'과 '감염병 관련 의학(감염내과, 호흡기내과, 예방의학 등), 약학, 보건분야, 홍보, 건축 등의 전문가' 등이 참여하도록 되어 있다. 감염병 공무원과 감염병 관련 전문가들은 아직 코로나19라는 이름을 얻지는 않았지만 중국에서 퍼지고 있던 집단 폐렴의 국내 유입 가능성을 검토하고 이에 대비한 진단검사 역량을 갖추어야 한다고 논의했다. 회의 직후 질본은 코로나19 검사법 개발에 들어갔다(『시사인』 보도).

1월 27일에는 서울역 회의실에서 질본의 이상원 과장이 진단시약 업체 20여곳의 대표들과 만나 코로나19 진단시약을 빠르게 개발해달라고 요청했다. 당시 국내에는 4명의 확진자가 있었다. 이후 일주일 만에 처음으로 긴급사용승인을 받는 시약이 나왔고 곧 여러 업체가 시약과 진단키트를 생산하고 보급하기 시작했다(『뉴시스』보도). 그 결과 대규모 검사를 신속하게 처리할 수 있는 시스템이 구축되었다.

이 회의들의 공통점은 공무원과 의료인과 과학자가 만나서 상황을 진단하고 대책을 논의하고 이를 실천했다는 것이다. 이때 공무원 혹은 정부는 감염병에 대해 아무것도 모르는 비전문가가 아니라 비상시 보건행정 조직이 어떻게 움직일 수 있는지 또 업계와 시민들을 어떻게 설득해야 하는지에 정통한 전문가로서 참여했다. 바이러스와 몸을 이해하는 전문가, 사람과 조직을 이해하는 전문가가 만나 각자의 전문성을 교환한 다음, 과학과 의료 전문가는 실험실과 병원으로, 보건행정 전문가는 상황실과 브리핑룸으로 가서 자기 일을 했을 때 비로소 코로나19 대응 시스템이 작동하기 시작했다.

코로나19 사태가 막 시작되던 무렵 서울의 회의실 세 곳에서 이루어진 것은 결국 바이러스와 인간, 자연과 사회를

코로나19 속 과학과 삶

동시에 관리하고 이를 위해 자원을 가장 효율적으로 동원하려는 전략의 수립과 실천이었다. 역학자인 서울대 보건대학원 황승식 교수는 이것이 "본질적으로 과학인 동시에 정치"인 방역의 특성이라고 강조한다(『시사인』 인터뷰). 코로나19의 방역에 실패하는 국가가 있다면 그것은 최고 수준의 과학자와 의사가 없어서가 아니라, 당대 최선의 지식을 사회가 견딜 수 있는 속도와 방식으로 구현하는 고도의 정치적 기술이 부족하기 때문이다.

우리에게 닥친 많은 곤경에는 과학의 문제가 아닌 것이 없지만 과학만의 문제인 것도 없다. '과학' 대신 다른 어떤 전문 분야를 넣어도 마찬가지다. 아무도 정답을 모르는 상태에서 지식을 모으고 결정을 내리고 행동해야 하는 총체적 문제들이다. 다들 "내가 전문가이니 내 말을 들어라"라는 식으로 나선다면 감염병도, 또 그것이 초래할 엄청난 사회적 결과도 막지 못한다. 자신의 역량과 한계를 잘 알고 있는 다양한 전문가들이 마치 국회 교섭단체처럼 모여 협상하고 합의하고 이를 실행에 옮길 때에 비로소 우리는 바이러스의 움직임을 늦추고, 사람의 생명을 구하고, 공동체를 유지할 수 있게 된다.

선생과 학생은
만나야 할까

여느 해 같으면 이미 봄 학기 둘째 주가 끝났을 지금, 2020년 3월의 대학 캠퍼스는 한산하다. 적막이 흐른다고 할 정도다. 2주 미뤄진 개강일이 다가오고는 있지만 학교에 설렘이나 분주함은 잘 느껴지지 않는다. 다음주 월요일 개강일에도, 또 그 후로 적어도 2주 동안은 강의실에 학생들이 없으리라는 사실을 알기에 더 그런지도 모르겠다. 많은 대학이 코로나19 확산을 막기 위해 당분간 모든 수업을 온라인으로 한다는 방침을 세워놓고 있다. 모든 만남이 유예된 대학의 3월은 낯설다.

그와 동시에 지금 대학들은 어느 해보다 바쁜 3월을 맞

고 있기도 하다. 모든 수업을 온라인으로 전격적으로 옮겨야
하는, 즉 대학의 핵심 기능을 한꺼번에 디지털 공간으로 이
동하는 작업이 한창이기 때문이다. 강의를 맡은 사람들은 온
라인 수업을 위한 장비, 소프트웨어, 노하우를 서로 주고받
고, 학생 대신 카메라 앞에서 2주치 강의를 미리 녹화하느라
정신이 없다. 교무처 등 수업 일정을 설계하고 지원하는 대
학 내 조직들은 처음 겪는 대규모 온라인 수업이 문제없이
흘러가도록 시스템을 갖추고 정비하느라 비상이다. 이 모든
작업은 또한 대학 구성원들이 코로나19로부터 안전한지 노
심초사하는 가운데 이루어진다.

　　온라인 수업을 급박하게 준비하다 보면 수업이라는 활
동의 가장 기본적인 요건이 새로이 부각된다. 가르치는 사람
이 하는 말이 어떻게 배우는 사람에게 가서 닿도록 할 것인
가. 이 단순한 임무가 온라인 수업에서는 복잡한 문제가 된
다. 목에서 나오는 소리로 공기를 울리면 대체로 해결되던
일이 온라인에서는 케이블과 서버와 인터페이스를 몇 겹씩
거쳐야 겨우 가능하다. 온라인 수업이 한꺼번에 열리는 동안
에는 대학 내 다른 인터넷 사용을 자제하도록 권고할 만큼
엄청난 일이다. 여건이 나은 대학에서는 기자재를 구입해주
고 기술적 문제를 해결해줄 조교를 배정해주겠지만, 그렇지

못한 곳에서는 선생의 말이 학생에게 속 시원히 전달되지 못하는 문제가 빈번할 것이다. 더구나 비정규직 강사에게는 온라인 강의 준비 환경도 불안정할 것이다.

　모든 학생이 온라인 수업에 불편 없이 참여하는 것을 보장하는 일도 만만치 않다. 학생들이 수업 시스템에 안정적으로 접속할 수 있는 기기를 소유하거나 빌려 쓸 수 있어야 한다. 강의실에 앉아 손을 들고 말하면 되었던 토론 수업을 온라인에서 실시간으로 하려면 주위 시선을 의식하지 않아도 되는 개인 공간이 필요하다. 그동안 학교가 제공했던 물리적 공간과 디지털 인프라를 온라인 수업에서는 학생 개인이 알아서 확보해야 한다. 기존 대학의 건물과 강의실이 휠체어의 접근을 막는 경우가 많듯이, 온라인 강의실에 접근하는 일이 모두에게 쉽고 편한 것은 아닐 수 있다. 디지털 공간은 생각만큼 가볍고 매끄럽고 평등하지 않다.

　지금의 비상 상황에서 앞서 말한 것들을 모두 다 챙겨가며 온라인 수업을 진행하기는 어려울 것이다. 이 대규모 온라인 수업 실험의 일차적인 목적은 당연히 코로나19 사태로 인한 대학 교육 공백의 최소화다. 어떻게든 학생들에게 계획된 교육 과정에 어긋나지 않는 수업을 제공하고, 동시에 학생을 비롯한 학교 구성원들의 건강과 안전을 지켜내는 것만으로도 전면적 온라인 수업의 목적은 달성했다고 말할 수도 있다. 늦은 봄학기가 끝나고 나면 그런 관점으로 이 실험의 성공 또는 실패를 평가하는 보고가 쏟아져 나올 것이다.

그러나 대학은 단지 그 성공에 안도하거나 실패에 낙담할 것이 아니라, 과연 어떤 결과를 이 실험의 성공 또는 실패로 규정할 것인지 고민할 필요가 있다. 코로나19의 확산을 막아내면서 기존 수업과 비슷한 양의 정보를 전달하고, 비슷한 시험 성적을 얻게 하고, 심지어 비슷한 '만족도'를 보였다는 것만으로 이번 실험의 평가를 끝낼 수는 없다. 어쩔 수 없이 온라인으로 옮겨 가면서 무엇을 포기하고, 유지하고, 추가해야 했는지 검토하는 중에 우리는 현재 대학이 수업에 어떤 의미를 부여하고 있는지, 또 수업을 통해 학생이 무엇을 경험하도록 하려는지 돌아볼 수 있을 것이다. 선생과 학생의 만남이 불가능한 수업을 통해 역설적으로 대학은 선생과 학생이 만나는 자리로서 자신의 오랜 존재 의의를 다시 증명할 수도 있다. 또는 그 역할이 이제 유효하지 않음을 알게 될 수도 있다.

코로나19 때문에 어쩔 수 없이 하게 된 온라인 교육 실험은 성공했을까? 무엇을 성공의 기준으로 설정하는지에 따라 대답이 달라질 수밖에 없다. 팬데믹 중에도 어떻게든 수업이 열리고, 진도를 나가고, 시험을 치르고, 학점을 줄 수 있었다는 점을 높이 평가할 수도 있다. 온라인 수업을 가르치는 사람과 배우는 사람 모두 이 새로운 형식에 빠르게 적응했다는 점도 주목할 만하다. 선생과 학생이 만날 수 없다면 온라인으로라도 수업은 할 수 있고 또 해야 한다는 인식은 이제 널리 퍼졌다. 다른 방도가 없는 상황에서 계속 하다 보니 곧 온라인 수업 2년을 채울 예정이다.

지금까지의 경험으로 드러난 사실은 온라인 수업에 대한 기존의 약속이 과장되었다는 것이다. 온라인 수업은 시공간의 제약을 훌쩍 뛰어넘게 해주지도 못하고, 한번 준비해놓고 반복적으로 활용할 수 있는 경우도 많지 않다. 학생 모두가 같은 시간에 접속하도록 하는 일은 학생들을 같은 시간에 교실에 모이도록 하는 일 못지않게 어렵다. 잘 들리고 잘 보이는지 확인하느라 강의와 토론은 왠지 불안하고 매끄럽지 못하다. 한마디로 온라인 수업은 선생과 학생 모두 생각보다 품이 많이 드는 일이다.

2021년 4월에 열린 제 33회 한국PD대상 시상식에서 EBS 코로나19 긴급 대응팀이 '올해의 PD상'을 받았다는 소식은 온라인 수업에 들어가는 노고를 일깨워준다. 갑작스럽게 닥친 전국적 교육 공백을 메꾸기 위해 "세상에서 가장 큰 학교"(김광범 PD)를 여는 일은 방송국과 제작진의 역량을 총동원해야 하는 복잡한 프로젝트였을 것이다. 방송 전파를 타고 "세상에서 가장 큰 학교"가 열리는 동안 전국에 있는 학교들은 선생과 학생의 유예된 만남을 조금씩 준비했다. 교실과 온라인 중 어디가 더 좋은 지를 따지기보다는 교실이든 온라인이든 기술을 적재적소에 활용해서 교육 효과를 내는 것이 중요했다. 선생과 학생은 과연 만나야 하는지, 그렇다면 그 목적은 무엇인지 다시 생각하는 시간이기도 했다.

코로나19와
인공지능 예술가

2020년 3월과 4월 각 방송사에서 예능과 음악 프로그램을 통해 코로나19 시대에 각자 적응하는 방식으로 공연 영상을 내보내는 시도들이 있었다. 코로나19 여파로 취소된 대중음악, 판소리, 창작뮤지컬 등 국내외 다양한 장르의 공연을 한자리에 모은 MBC 예능 프로그램 〈놀면 뭐하니〉의 '방구석 콘서트' 특집은 집에 머물고 있는 청중에게 테크놀로지를 통해서 현장 공연의 느낌을 전달하였다. 세종문화회관 대극장에서 '무관객 라이브'로 진행된 공연은 무대 위에서 최선을 다해 공연하는 아티스트와 텅 비어 있는 객석의 대비가 묘한 느낌을 자아냈다. 수준 높은 공연이었지만 진행자 몇 명의 박수 소리밖에 들리지 않아 쓸쓸하기도 했다. 코로나19로 모든 공연이 취소된 아티스트들의 사정이 더해져서 더 안타까웠다.

SBS의 〈트롯신이 떴다〉는 '트로트 랜선 버스킹'을 진행했다. 방송국 스튜디오에 모니터를 잔뜩 설치해놓고 무대에 오른 가수가 집에 있는 시청자들을 실시간으로 보면서 공연할 수 있도록 했다. 출연 가수들은 층층이 쌓인 화면을 통해 수백 명의 관객 얼굴을 보면서 노래하는 새로운 경험을 했다. 집에서 접속한 관객에게는 유튜브 공연 영상을 보는 것과 비슷했겠지만, 적어도 무대에 오른 가수에게는 관객 수백 명이 자신을 보고 있는 느낌을 주었을 것이다. 두 방송 프로그램 모두 아티스트와 관객의 관계는 무엇인지, 그 관계의 단절은 과연 영상, 음향, 방송 기술의 발달로 메꿔질 수 있는 것인지 생각하게 만들었다.

2020년 6월에 새 시즌을 시작한 JTBC의 음악 프로그램 〈비긴 어게인〉은 그 사이 조금 나아졌지만 아직 해소되지 않은 코로나19 상황을 반영하고 있었다. 유명 뮤지션들이 팀을 꾸려서 해외 도시를 다니며 거리에서 버스킹을 하는 형식의 〈비긴 어게인〉은 코로나19 시대에는 존속하기 어려운 프로그램이다. 어떻게 새 시즌을 진행할지 궁금했는데, 결국 국내 곳곳에서 '거리두기 버스킹'을 하는 것으로 바뀌었다. 뮤지션들은 합주실에 모여 곡을 고르고 연습을 하고 청중을 찾아 나섰다.

첫 번째 버스킹 장소는 코로나19 방역 일선으로 몇 달 동안 뉴스에 등장했던 인천공항이었다. 오랜만에 공항을 찾은 뮤지션들은 주말의 인천공항이 이렇게나 텅 비어 있다는 사실에 놀라워했다. 한산한 체크인 창구들을 배경으로 무대를 세팅했다. 그리고 곧 사람들이 찾아오기 시작했다. 공항 직원, 방역 관계자 등이 마스크를 쓴 채 2미터씩 간격을 두고 공항 터미널 바닥에 앉아 버스킹 관객이 되었다. 아티스트와 관객이 화면을 매개로 만나는 대신 오랜만에 공기를 사이에 두고 마주 앉았고, 노래가 공기를 통해 관객의 귀에 가 닿았다.

두 번째로 찾아간 마포 문화비축기지 공연장에서도 비슷했다. 이번에는 무대 주위로 자동차 수십 대를 배치해 놓고 관객이 차 안에서 노래를 들었다. 역시 공기를 통해 직접 전달되는 노래였다. 바이러스가 전파될까 항상 두려워했던 바로 그 공기였다. 뮤지션들도 청중들도 그 위험을 잘 알았고, 그럼에도 불구하고 거기에 모여 노래를 부르고 듣기로 마음먹은 자리였다.

지난 몇 년 동안 과연 인공지능이 예술을 할 수 있는지, 예술가가 될 수 있는지에 관한 논의가 많았다. 인공지능은 그림을 그릴 수 있는가, 음악을 만들 수 있는가. 인공지능은 인간만큼 혹은 인간보다 더 창의적일 수가 있는가. 그렇다면 창의성이란 도대체 무엇인가. 인공지능이 지금껏 인간이 창조하지 못한 새로운 패턴, 새로운 아름다움을 만들어낸다면 이제 인간이 설 자리는 어디인지에 대한 고민이 이어졌다. 아무리 그래도 인간만의 영역, 인간만이 보일 수 있는 창의성, 인간만이 만들 수 있는 아름다움이 있을 것이라는 항변도 적지 않았다.

지난 몇 달 동안 아티스트와 관객이 만나지 못하는 극적인 상황, 또 이들을 어떻게든 만나게 해보려는 시도들을 보면서, 우리는 예술 창작자로서의 인공지능과 인간을 구별하는 다른 방식을 생각해볼 수 있다. 인공지능이 인간처럼 멋지고, 창의적이고, 아름다운 작품을 만들어낼 수 있는지는 핵심이 아니다. 예술 활동 결과물의 탁월함, 아름다움만이 우리가 예술적 인공지능을 평가하는 기준이 아닐 수 있다는 뜻이다. 대신 우리는 과연 어떤 예술이, 어떤 예술가가 사람들을 불러모을 수 있는지 물을 필요가 있다.

인천공항에서 또 문화비축기지에서 열린 〈비긴 어게

인〉 공연이 청중에게 어떤 위로, 어떤 예술적 효과를 주었다면 그것은 단지 그들이 연주한 음악이 탁월했기 때문이 아니었다. 그 공연의 예술적 효과는 근본적으로 예술가와 청중이 '공기'를 공유했다는 사실에서 비롯되었다. 마스크를 쓰고 공항 바닥에 앉은 사람들에게 위로가 된 것은 거기서 노래를 부르는 뮤지션들이 공항 직원들과 마찬가지로 이 사태를 같이 겪고 있는 사람이었기 때문이다. 아티스트와 청중은 서로의 사정을 알고 있었고, 바로 그랬기 때문에 그 사정을 다 이기고 공항 로비에 모인 서로에게서 무엇인가를 느꼈던 것이다. 각자의 위험을 감수하면서 조심스럽게 자리를 만들어 모두 여기까지 왔다는 사실이 그날의 무대를 완성시켰다.

예술 작품을 창작하는 인공지능은 과연 사람들을 불러 모을 수 있을까? 우리는 마스크를 쓰고서, 위험을 감수하면서도, 인공지능이 만들어낸 작품과 공연을 보기 위해 모여들 수 있을까? 우리는 인공지능 예술가와 공기를 공유하고 있다는 사실에서 위로를 얻을 수 있을까? 〈비긴 어게인〉의 관객들이 각자의 사정과 위험을 극복해가면서 거기 앉아 있었던 것은, 뮤지션들도 각자의 사정과 위험을 극복해가면서 약속된 공연 시간과 장소까지 힘겹게 당도했다는 사실을 잘 알기 때문이다. 〈비긴 어게인〉 버스킹에 참여한 가수 이소라는

"노래도 혼자 하는 건 사실 의미가 없다. 누군가 들어주고 이해하는 사람이 함께 있어야 그 공간이 같은 마음으로 이뤄져서 그 마음이 커지고 평화로운 세상이 되는 것 같다"라고 말했다. 전 세계적으로 당면한 어려움을 함께 겪는 사람들이 시간과 공간을 같이 하면서 나누는 것이 노래이고 예술이라는 뜻으로 들린다.

코로나19 사태가 극단적으로 보여주었지만, 예술은 위험을 감수하는 일이다. 물론 이때 위험은 감염병만을 말하는 것이 아니다. 예술가가 여러 가지 어려움을 헤쳐가면서 무대로, 전시장으로 나갈 때 대중은 그들과 시간과 공간을 공유하기 위해 찾아온다. 그렇게 예술가에게는 사람들을 불러모으는 힘이 있다. 인공지능이 새로운 패턴과 아름다움을 만들어낼 수 있을지 몰라도, 인공지능에게는 감수할 위험이 없고 따라서 사람을 불러모으는 힘이 부족하다. 인공지능이 예술가의 지위를 위협하는 것보다는, 자신과 세계를 둘러싼 위험 속에서도 어떻게 자리를 조심스럽게 마련하고 사람들을 불러 모을 것인지가 지금 예술가들이 마주한 더 큰 과제일지 모른다.

숫자 너머의 고통

하루에 두어 번씩은 '코로나 라이브' 웹사이트에 들어가 본다. 지자체가 공지하는 코로나19 확진자 수를 실시간으로 집계해서 보여주는 곳이다. 어차피 다음날 오전이면 24시간 동안 집계된 확진자 수가 공식적으로 발표되겠지만, 마치 외출 전 기온을 확인하듯이 그때그때 확진자 수를 찾아보는 일이 습관이 되었다. 내가 사는 도시의 숫자도 살펴보고, 서울에 갈 일이 있는 날이면 수도권 숫자도 확인한다.

보기 편한 형식으로 매일 갱신되는 숫자는 이상한 안도감을 준다. 확진자 수가 갑자기 늘어나고 좀처럼 떨어지지 않을 때에도, 그 사실을 정확히 표현하는 숫자가 있다면 정부와 전문가들이 이 사태를 열심히 추적하고 있고 어느 정도 관리하고 있다는 인상을 받는다. 숫자의 형태로 데이터를 정확하게 수집하고 신속하게 제공하는 것은 재난에 대응하는 정부의 역량을 가늠하는 지표가 된다. 확진자 수가 급증하는 것 못지않게 두려운 상황은 숫자를 파악하고 제공하는 시스템이 작동하지 않는 것이다.

숫자는 사태의 종결에 대한 희망을 준다. 최근에는 관심이 확진자 수에서 백신 접종 수로 옮겨갔다. 확진자 수만 보다가 이제는 백신 접종 수를 보고 있는 상황 자체가 코로나19 재난의 해결 국면처럼 느껴지기도 한다. 백신 접종이 일부 부유한 국가에 집중되고 있지만, 그래도 세계적으로 백신 접종 10억 회를 달성했다는 소식을 들으면 공통의 목표를 향해 한걸음씩 나아간다는 생각도 든다. 백신 접종이 어떤 숫자를 넘어서고 그에 따라 신규 확진자가 어떤 숫자 아래로 내려가면 비로소 코로나19의 오랜 유행이 끝나리라는 기대가 생긴다. 목표 숫자에 도달하는 것이 곧 일상으로의 복귀를 알리는 신호인 것만 같다.

그러나 14억 인구가 있는 인도에서 코로나19 확진자와 사망자가 급증하고 있다는 뉴스를 보면 종결이나 복귀가 아직 꽤 멀리 있음을 인정할 수밖에 없다. 공식 통계에 따르면 최근 인도의 하루 확진자는 30만 명 이상, 하루 사망자는 2천 명 이상이다. 더 걱정스러운 것은 이렇게 큰 공식 숫자도 현실을 제대로 반영하지 못하고 있다는 전문가들의 지적이다. 『뉴욕타임즈』가 인터뷰한 미시간대학의 역학자는 실제 사망자 수가 공식 발표보다 2배에서 5배 많을 것이라고 추정하면서 "이것은 완전한 데이터 학살"이라고 말했다. 코로나19를 사인으로 적시하지 않는 사례들이 쌓이고 쌓여 엄청난 차이를 만들어냈다. 실수이든 의도적 누락이든 재난 상황의 불행한 죽음은 언제나 적게 집계되는 경향의 한 극단을 보여준다.

  인도 정부의 사망자 통계와 실제 사망자 수의 차이를 정확하게 알아낼 수 있는 방법은 없다. 숫자를 집계하는 힘 자체가 정치적인 권력이기 때문이다. 정부가 의지를 놓아버리면 숫자는 영원히 미궁에 빠지게 된다. 그래도 시도해본다면 시신이 모이는 곳을 직접 찾아가서 묻고 기록하는 정도일 것이다. 『뉴욕 타임즈』는 인도의 각 주정부가 발표하는 사망자 수보다 훨씬 많은 시신이 지역 화장터로 들어오고 있다고 보도했다. 가령 인도의 보팔시는 2021년 4월 중순의 13일간 코로나19 관련 사망자가 41명이라고 공식 발표했지만, 『뉴욕 타임즈』가 지역 화장터와 묘지를 취재해서 얻은 사망자 수는 1천 명 이상이었다. 화장터 관리자에게 제대로 설명을 들을 수 없었던 기자는 시신들이 동시에 화장되는 자리 근처에 쌓여 있는 장작더미를 묘사하는 것으로 기사를 마무리했다. 끝없이 새로 잘라 공급해야 하는 장작더미의 크기가 정부 발표 숫자보다 죽음의 현황을 더 정확하게 보여주고 있었다.

인도 화장터의 장작더미는 인도 정부의 문제를 폭로하는 동시에 숫자와 현실 사이의 간극, 혹은 숫자 뒤에 있는 인간의 경험을 가리킨다. 그것은 확진자와 사망자 수가 바로잡힌다고 해도 사라지지 않고 쌓여 있을 기억이다. 우리는 체계적이고 정확한 숫자를 통해서 코로나19라는 재난에 대응할 수 있지만, 이 재난의 결과를 숫자로만 정리하고 기억할 수는 없다. 확진된 사람과 그렇지 않은 사람, 죽은 사람과 살아남은 사람 모두 각자의 자리에서 집계하기 어려운 고통을 겪었다. 이 고통스러운 경험을 기록하고 기억하는 것이야말로 모든 숫자가 다 집계된 다음 비로소 시작될 긴 회복 과정의 기초가 될 수 있다.

사람의 자리

코로나19
재난 보고서를 쓴다면

미국 잡지 『애틀랜틱』에 과학 기사를 쓰는 에드 용은 2020년 9월호에 '팬데믹은 어떻게 미국을 무너뜨렸는가'라는 제목의 긴 글을 실었다. 기사에는 바이러스, 백신, 마스크, 호흡 장치에 대한 내용도 있었지만, 더 중요하게 등장한 것은 인종주의와 건강불평등, 도널드 트럼프 대통령의 무능과 거짓, 각종 매체를 통한 가짜 뉴스의 전파 등이었다. 과학과 의학 전문가가 여럿 등장하는 과학 기사였지만, 또한 정치 기사이고 사회 기사였다. 용은 바이러스가 신체만이 아니라 사회의 모든 갈라진 틈으로 들어가 그 근간을 흔들어놓는다는 점을 강조했다. 코로나19 시대에 바이러스와 감염병에 대한 과학기사는 일종의 재난 보고서가 되었다.

코로나19 사태에서 미국의 처참한 실패를 설명하려는 노력이 재난 연구의 관점에서 시작되는 것은 당연하다. 2001년의 9·11 테러 사건을 연구했던 글렌 코벳과 스캇 놀스는 2020년 8월에 발표한 글에서 코로나19의 문제를 총체적으로 밝혀낼 재난 조사 기구를 만들어야 한다고 주장했다. 특히 이 재난에 대한 조사는 단지 진단검사 키트와 호흡 장치 공급 문제만을 따지는 것이 아니라 감염병의 불평등한 진행을 초래한 인종주의의 문제까지 다루어야 한다고 강조했다. 이들이 주장한 조사 기구가 생겨서 보고서를 낸다면, 미국의 코로나19 재난은 2019년이나 2020년이 아니라 적어도 수십 년 전에 시작된 사건으로 기록될 것이다.

한국에서 코로나19 보고서를 쓴다면 무엇이 담겨야 할까? 미국이 코로나19에 무너진 것과 달리 한국은 바이러스를 성공적으로 무찔렀음을 자랑하는 보고서를 써야 할까? 한국의 코로나19 보고서는 정부에서 희망하는 것처럼 '승리'를 기념하고 '영웅'을 칭송하는 것으로 마무리해도 괜찮을까?

코로나19 팬데믹, 즉 모든 곳의 모든 사람을 위협하는 감염병 재난 앞에서 이제 영웅적인 승리와 성공의 서사는 효과적으로 작동할 수 없다. 앞으로 반복되거나 지속될 지구적 재난들 앞에서 우리의 처지는 성공과 실패로 구분되지 않고, 빛과 그림자로 적당히 나누어지지 않는다. 미국은 실패했지만 한국은 성공했다고 자랑하기 어려운 것은 바이러스 앞에 드러나버린 미국 사회의 고질적 문제가 한국에도 다른 모양으로 존재하기 때문이다.

　한국은 코로나19 확진자와 접촉자를 빠르게 찾아내는 나라이면서 약 20년 동안 가습기 살균제 때문에 사망한 사람이 몇 명인지 다 파악하지 못하고 있는 나라다. 2015년 메르스 사태의 교훈을 코로나19 대응에 활용할 줄 아는 나라이지만, 2018년 태안 화력발전소에서 김용균 씨가 기계에 끼여 사망한 일을 두고 특별조사위를 만들어 '진상 규명'과 '재발 방지'를 다짐했음에도 2020년 9월 같은 곳에서 또 사람이 죽게 만드는 나라다. 납득하기 어려운 이유로 사람들이 죽어나가는 것은 여전한데, 우리는 가끔씩만 현명하게 대응하고 대개는 실패를 반복한다. '케이K 방역'의 성공 뒤에서 더 많은 '케이 재난'이 이어지고 있다.

　코로나19 극복 성공 스토리 대신에 코로나19 재난 보고서를 쓰자는 것은 예전부터 있다가 2020년에 폭발해버린 재난적 삶의 조건에 더 주목하자는 제안이다. 확진자 수만이 아니라 바이러스가 파고든 사회의 갈라진 틈을 중요한 지표로 삼아야 한다. 코로나19 재난 보고서에서는 콜센터, 물류센터, 요양병원, 정신병동에서 발생한 감염과 죽음이 바이러스를 물리친 큰 전쟁에서 불가피했던 부수적 희생이 아니라 사회적 재난의 핵심 피해 사례가 된다. 보고서의 권고 사항에는 바이러스 및 백신 연구 지원만이 아니라 밀집, 밀폐, 밀접 공간에서 일하고 사는 것을 멈출 수 없는 사람들의 보호가 포함되어야 한다. 더 적은 사람에게 더 적은 비용으로 일을 떠맡기는 시스템의 문제를 지적하고, 꼭 필요한 곳에 충분한 수의 사람을 배치해서 신체적, 심리적, 사회적 고통을 줄일 수 있는 제도를 권고해야 한다.

　　재난 보고서의 기본 덕목은 성찰과 겸허다. 성공 스토리가 아닌 재난 보고서로 코로나19를 기록하는 것은 이 사태가 오래도록 종결되지 않을 것임을 인정하는 일이다. 어쩌다 종식된 것처럼 보여도 곧 비슷한 다음 재난이 닥칠 것을 예상하면서 쓰는 보고서다. 다만 다음번에는 조금 더 오래 버티기를, 조금 덜 고통스럽기를 바라면서 현재 사태의 원인과 결과를 성찰하며 겸허히 적어나가는 것이다.

알파고 5년,
후쿠시마 10년

3월을 기억하는 방법은 사람마다 다르겠지만, 내게는 2016년 3월 9일 시작한 알파고-이세돌 대국과 2011년 3월 11일에 시작된 동일본 재난(지진, 쓰나미, 후쿠시마 원전)이 긴밀하게 연결되어 있다. 5년 전인 2016년 3월 11일은 동일본 재난 5주기가 되는 날이자 알파고가 이세돌 9단을 두 차례 이긴 다음 하루 쉬는 날이었다. 알파고를 개발한 딥마인드의 데미스 하사비스 대표가 이날 오후 카이스트에 와서 인공지능의 미래에 대해 강연했다. 강연장이 꽉 차서 들어가지 못한 사람들이 로비에 서서 소리만 들을 정도였다. 모두의 눈과 귀가 하사비스와 알파고로 향해 있는 동안 시계가 오후 2시 46분을 알렸다. 바로 그때 일본에서는 추모 사이렌이 울리고 사람들은 고개를 숙였다. 2011년 그날 일본에서 지진이 시작된 시각이었다. 5년 전 재난의 고통에 대한 공감과 실시간으로 펼쳐지고 있던 '4차 산업혁명'에 대한 호기심 사이에서 나는 잠시 혼란스러웠다.

2016년의 관점에서 알파고와 후쿠시마는 여러모로 대비가 되는 사건이었다. 알파고는 흥분과 두려움이 공존하는 미래를 가리키고 있었고, 후쿠시마는 일본과 세계의 발목을 잡고 있는 과거 같았다. 알파고는 모든 것이 매끈하게 연결되어 척척 돌아가는 시스템을 약속했고 후쿠시마는 그런 시스템은 없다고 가르쳐주었다. 알파고는 혁명을 약속했고 후쿠시마는 파국을 예고했다. 한마디로 알파고는 놀라운 성공이었고 후쿠시마는 참담한 실패였다. 알파고의 비결을 배워야 한다는 주장과 후쿠시마의 교훈을 배워야 한다는 주장이 엇갈렸다. 이후 5년이 흐르는 동안 혁명의 완수는 유예되었고, 재난의 기억은 오래가지 못했다. 지연된 혁명과 잊힌 재난 사이에서 우리는 코로나19라는 새로운 세계로 들어왔다.

코로나19 사태를 1년 넘게 겪고 있는 2021년의 관점에서 알파고와 후쿠시마의 세계관은 여전히 불편한 관계를 맺고 있다. 인간 없이도 시스템이 잘 돌아갈 수 있고 마땅히 그래야 한다는 알파고의 세계관은 코로나19로 인한 격리와 비대면 체제에 딱 들어맞는 것처럼 보이기도 했다. 코로나19는 알파고가 약속했던 자동화, 무인화를 앞당길 수 있는 기회라고도 했다. 하지만 비대면은 테크놀로지의 혜택을 누릴 수 있는 일부에게만 안전한 피난처였고 그 일부의 안전은 위험을 무릅쓰고 사람과 접촉하며 일하는 많은 사람 덕분에 가능했다. 일본 동부를 덮친 지진, 쓰나미, 원전 사고 현장에서 구조하고 치료하고 복구하는 일에 뛰어들었던 사람들처럼 우리 눈에 잘 보이지 않는 사람들이 코로나19를 막기 위해 애쓰고 있다. 인공지능과 로봇이 아무리 발달해도 재난 현장에서 사람을 살리고 돌보는 사람은 언제나 부족하다.

알파고 5년과 후쿠시마 10년을 함께 떠올리며 우리는 테크놀로지와 재난에 대해 적어도 두 가지 사실을 확인할 수 있다. 첫째, 우리는 테크놀로지의 성공을 상당히 끈기 있게 기다려주는 반면 그 실패는 꽤 빨리 잊는다. 성공은 한 번만 일어나도 곧 무한 반복될 것처럼 느끼고, 실패는 아무리 커도 앞으로 반복되지는 않을 거라고 믿는다. 우리는 알파고를 계속 소환하여 미래에 대한 기대를 연장하면서 후쿠시마는 과거에 조용히 남아 있기를 원한다. 둘째, 테크놀로지의 혜택도 재난의 고통도 절대 골고루 분배되지 않는다. 알파고 이후 인공지능은 과학과 의학 연구에 기여하고 생산과 소비를 효율적으로 만들었지만, 더욱 정교한 알고리즘의 명령을 받는 배달 노동자에게는 고통의 원인이자 저항의 대상이 되었다. 인공지능 시스템의 편향과 배제에 노출된 사회적 약자는 재난의 피해도 가장 먼저 가장 크게 입었다.

알파고와 달리 후쿠시마는 한국 사회를 뒤흔든 역사적 사건으로 등록되지 않았다. 코로나19 이후에는 그에 대한 사회적 기억이 더 희미해질 것이다. 후쿠시마든 코로나19든 우리는 어서 재난을 벗어나 알파고의 혁명을 기다리던 일상으로 돌아가고 싶어하는지도 모른다. 그러나 예상할 수 있는 더 현실적인 미래는 기술과 산업의 혁명으로 재난이 빠르게 극복되는 것이 아니라 길고 느리고 넓은 재난들이 중첩되어 우리를 곤란하게 하는 상태다. 이제 재난의 종식을 바랄 수는 없게 되었다. 다만 알파고와 후쿠시마, 거기에 코로나19까지 일련의 사건을 나란히 놓고 두텁게 기억함으로써 우리는 다음 재난을 감당할 힘을 얻을 수 있다.

2장

사람을 살려내는 과학

4월에 구하다

2017년 판사들에 대한 사찰을 거부하며 사표를 넴으로써 '사법농단' 사태를 처음 세상에 알린 이탄희 판사는, 2019년 3월 15일 방송된 KBS 〈거리의 만찬〉 프로그램에 출연해서 "사법개혁의 처음이자 끝은 사실 판사가 자기가 누구인지 알게 하는 거거든요"라고 말했다. 그가 2019년 2월 말 두 번째 사표를 내고 법원을 떠나면서 "내가 누군지 아는 판사가 되기 위해 몸부림친 11년이었던 것 같습니다"라고 쓴 것과 통하는 말이었다. 제작진이 준비한 사법농단 피해자들의 인터뷰 영상을 본 그는 "내가 내 일을 제대로 안 할 때 어떤 사람이 어떻게 고통을 받는가"를 목격함으로써 자신이 누구이고 무엇을 하는 사람인지 알 수 있을 것이라고도 말했다.

'내가 누구인지 아는 사람'을 설명하기 위해 이탄희 판사는 소방관의 예를 들었다. "소방관이 직무 태만해서 불 끄러 안 나가서 사람들 죽고 건물도 무너지고, 그 모습을 보고 나면 아 소방관이 무슨 일을 하는 거구나, 내가 누군가 알 수 있잖아요." 판사든 소방관이든 타인의 삶을 구할 수도 있고 무너뜨릴 수도 있는 자리에 있는 사람들은 자신이 누구인지 끊임없이 물을 수밖에 없고 또 그렇게 해야만 한다는 말이었다.

2019년 4월 4일 저녁 강원도 고성의 야산에서 시작해서 속초 시내 쪽으로 빠르게 번지던 산불 앞에서 전국의 소방관들과 산림청 산불재난 특수진화대원들은 바로 그 질문과 또다시 대면했다. 강원도를 향해 고속도로를 줄지어 달려가는 소방차 안에서, 불을 피해 빠져나오는 시민들과 반대 방향으로 뛰어 들어가면서, 불길이 다가오고 있는 엘피지LPG 충전소 앞을 지키면서, 밤새 마스크가 새카맣게 되도록 산불과 씨름하면서 그들은 자신이 누구인지 물었고, 행동으로 대답했다. 남들이 알아주지 않고 국가가 제대로 대우해주지 않아도 자신이 누구인지 무엇을 하는 사람인지 잊지 않는 사람들의 모습에 많은 이들이 감동했다.

속초의료원에서는 영랑호를 건너 병원으로 접근하는

불길을 피해 원장과 의료진과 직원들이 힘을 합쳐 거동이 불편한 환자들을 엘리베이터에 태우고, 구급차에 태우고, 직원들 차에도 태워 안전한 곳으로 이송했다. 그러느라 밤새 자기 집이 불에 타버린 것도 몰랐던 팀장은 다시 출근해서 어질러진 의료원을 정리하고 환자들을 맞을 채비를 했다. 자기가 누구인지, 무엇을 하는 사람인지 잊지 않고 있었던 사람들이 그날 강원도에 모여 있었다.

그리고 선생님들이 있었다. 산불이 난 밤, 고성 지역으로 수학여행을 와 있던 경기도 평택의 중학교 교감 선생님은 장기자랑을 즐기고 있던 학생들에게 가서 이렇게 말했다. "여러분! 이것은 실제 상황이다. 지금부터 선생님과 안전요원들의 지시에 따라주기 바란다." 산불이 학생들이 있던 리조트 쪽으로 다가오고 있었다. "탈출하라"라는 지시를 받은 학생들은 버스 일곱 대에 나눠 타고 불을 피해 달렸다. 그중 한 대에 불꽃이 튀고 연기가 나자 수동으로 문을 열고 가까스로 버스를 탈출했다. 불길에 휩싸인 버스를 뒤로하고 다시 길에 오른 교사와 학생들은 새벽 무렵 평택의 학교에 무사히 도착했다(『한겨레』보도). 내가 누구인지 알고 행동했던 사람들 덕분에 학생들은 4월에 떠난 수학여행에서 집으로 돌아올 수 있었다.

2014년 4월 17일 춘천의 어느 카페는 빨간색 입간판에 하얀색으로 이런 글을 적어 문 앞에 두었다. "살릴 수 있었다. 무전기는 왜 개발했고 헬기는 왜 만들었나. 배는 왜 만들고 언론은 왜 존재하나. … 아이들은 배가 기우는 중에도 믿고 있었다. 당신들을. 지금도 어둠 속에서 믿고 있을 거다. 제발 무사하길, 아프지 않길." 무전기, 헬기, 엘리베이터, 소방차, 구급차, 버스를 왜 만들었는지 이번 4월에는 이해할 수 있었다. 테크놀로지가 사람을 살리는 일에 쓰일 수 있다는 당연한 사실을 다시 확인할 수 있었다.

그러나 이날 밤 결국 사람을 살린 것은 자기 자리를 지켰던 사람들이었다. 화재 현장에서, 병원에서, 학교에서 내가 누군지 아는 사람이 되기 위해 몸부림치듯 살아온 직업인이자 생활인들이었다. 내가 누군지 아는 사람, 해야 할 말을 하고 해야 할 일을 하는 사람, 어둠 속에서 믿고 있는 이들을 배반하지 않은 사람들 덕분에 이번 4월에는 구할 수 있었다.

사람의 자리

김용균 보고서를 읽고

2019년 8월 며칠 동안 틈틈이 '김용균 보고서'를 읽었다. 정확한 제목은 '고 김용균 사망사고 진상조사결과 종합보고서'다. 김용균 씨는 2018년 12월 10일 밤 태안 화력발전소에서 석탄을 나르는 컨베이어를 점검하는 작업 중 벨트와 롤러 사이에 몸이 끼여 들어가는 사고로 숨졌다. 보고서는 그 죽음의 이유를 묻는 것으로 시작한다. "고인은 왜 운전 중인 벨트 컨베이어 밀폐함의 점검구 안으로 상체를 집어넣고 작업을 해야 했을까? 개인의 의욕이 넘친 과잉행동 때문이었을까? 아니면 그렇게 행동을 하지 않을 수 없었던 구조적인 원인이 존재하는 것인가?"

사람을 살려내는 과학

이것은 김용균이라는 한 젊은이의 죽음에 대한 질문이자, 김용균 이전에 죽은 이들과 김용균 이후에 죽고 있는 이들에 대한 질문이다. 무엇이 그들의 몸을 그토록 큰 힘으로 눌렀는지, 그 힘은 어디서 왔는지를 묻는 것이다. 보고서는 물리적인 기계의 힘과 추상적인 구조의 힘이 어떻게 동시에 노동자의 몸에 작용하는지를 치밀하게 보여준다. 발전소는 단지 크고 빠른 기계가 있기 때문에 위험한 것이 아니며, "오랜 기간 동안 발전소가 위험하도록 '구조화'되었다"는 사실에 주목해야 한다는 것이다. 김용균의 몸은 기계에 눌리는 동시에 발전 산업의 왜곡된 구조에 눌렸다.

외주화라는 산업 구조의 문제가 어떻게 개인의 몸에 대한 물리적인 위험을 증가시키는가? 수평 방향으로 흐르던 석탄 컨베이어 계통을 분할하여 일부를 외주화하면, 그 절단면은 수도관 양쪽을 이어 붙이듯 쉽게 봉합되지 않는다. 절단 지점에서는 일을 맡기는 발전사와 일을 맡은 협력사 사이에 수직 방향의 위계가 형성되고, 석탄이 절단면 사이를 수평 방향으로 이동하려면 반드시 그 절단면을 둘러싼 조직 간의 수직적 관계를 경유해야만 한다. 이 지점에서 눈에 보이지 않는 새로운 공백과 새로운 작업이 생겨난다. 보고서는 이런 수평과 수직의 힘이 부대끼는 공간에서 "새로운 위험이 증식"한다고 지적한다.

수직의 힘은 수평의 흐름과 얽혀 돌아가면서 사람을 옥 죈다. 아래에 있는 사람은 자신이 점검하는 컨베이어에 대한 권한이 없다. 위에서 아래로 보내는 카카오톡 작업 지시 메시지는 사람을 컨베이어 앞으로 몰아가지만, 아래에서 위로 보내는 설비 개선 요청은 아무런 응답을 받지 못한다. 2017년 제주에서 공장 실습을 하던 고등학교 3학년 이민호 군이 "한 명 더 부탁드립니다"라고 보낸 메시지에 아무도 답하지 않은 것과 비슷한 상황이다. 이런 비대칭적 수직 방향의 힘에 눌린 노동자가 수평으로 흐르는 컨베이어와 석탄에 밀려 쓰러진다.

'김용균 보고서'는 그동안 우리가 당연하게 받아들여온 '작업자 과실론'을 꼼꼼하게 논박한다. 김용균이 매뉴얼에 없는 일, 즉 벨트 안으로 고개를 집어넣는 과실을 범했다고 설명하는 대신, 그가 정식 작업공정에 없는 "좀비 공정", 즉 설비의 이상 부분을 근접 촬영해서 보고하는 일을 하도록 만든 구조에 주목한다. 보고서는 이렇게 말한다. "따라서 기계 장치와 인간, 화학 물질과 인간의 관계에서 위험이 발생하는 것이 아니라 특정 구조하에서 작동하는 기계와 투입되는 노동력, 특정 구조하에서 사용되는 화학 물질과 인간의 관계가 사고의 원인으로 지목되어야 한다."

이것은 인간-기술-사회의 관계에 대한 교과서에 들어갈 법한 구절이다. 또한 구의역 스크린도어 사고와 가습기 살균제 참사를 설명하는 데에도 유용한 관점이다. 위에서 아래로 누르는 힘의 구조 속에서 인간과 기계장치가 맺는 관계에 주목함으로써 우리는 비로소 "지침에 가장 충실하게 따랐던 고인을 스스로를 죽인 가해자로 둔갑시키는 역설"을 막을 수 있다. 기계에 몸이 끼여 사람이 죽는 것을 막기 위해 무엇을 바꾸어야 하는지도 새롭게 생각할 수 있다.

대법관을 지낸 김지형 위원장은 보고서의 서문을 기도로 끝맺었다. "위원회는 진정 우리 사회의 노동 안전을 향한 위원들 모두의 간절한 소망을 담아 이 보고서를 펴냅니다. 부디 우리의 기도를 들어주시기 바랍니다." 우리는 그의 기도가 신의 응답을 기다리고 있지 않음을 잘 알고 있다. 그의 기도는 법과 규정을 만드는 힘을 가진 이들, 기계와 사람을 맘대로 배치할 힘을 가진 이들, 그리고 김용균의 죽음을 곧 잊게 될 우리를 향하고 있다. '김용균 보고서'가 응답 없는 기도로 끝나도 우리는 괜찮을 것인가.

휴지조각이
되지 않도록

2019년 12월 3일 '휴지조각이 된 조사보고서'라는 흥미로운 제목의 토론회가 열렸다. 한국어 사전에 "어떤 일이 실패하거나 무산된 상황을 비유적으로 이르는 말"이라고 등록되어 있는 '휴지조각'은 주로 부도난 어음 같은 것을 묘사할 때쓴다. 조사보고서가 휴지조각이 되었다는 것은 무슨 말이며, 누가 낸 어떤 보고서가 휴지조각이 되었다는 것일까?

궁금해서 살펴보니 '문재인 정부의 중대재해사업장 조사위원회 권고와 이행실태 점검 토론회'라는 설명이 붙어 있다. 2019년 여름에 '김용균 보고서'를 낸 석탄화력발전소 특별노동안전조사위원회와 조선업 중대산업재해 국민참여조사위원회, 집배원 노동조건개선 기획추진단, 서울의료원 간호사 사망사건 관련 진상대책위원회, 구의역 시민대책위원회 진상조사단 등에서 참여한다. 그러니 토론회는 사람이 일하다가 죽거나 다친 일에 대한 조사보고서를 다룰 것이고, 거기에는 사람이 더 죽지 않으려면 무엇을 해야 하는지 적혀 있을 것이고, 아마도 그 권고가 휴지조각처럼 무시되거나 구석으로 처박힌 상황일 것이다.

사람을 살리려는 말들이 휴지조각 취급을 받는 것은 그 말들이 얇고 가볍기 때문인가. "빛나는 말이 모자라서 세상이 이 지경인 것은 아니다. 말은 늘 넘치고 넘친다"라는 김훈 작가의 말(『경향신문』)처럼 이미 너무 많은 훌륭한 말들이 나와서 돌아다니고 있기 때문인가. 조사보고서라는 틀에 담은 바싹 마른 말들로는 사람이 더 죽지 않게 할 엄두도 내지 말아야 하는 것일까.

오늘도 쏟아져 나오는 조사보고서들의 운명을 생각해 본다. 사회과학자, 자연과학자, 인문학자, 공학자, 또 여러 분야의 활동가들이 조사하고 분석하고 작성해서 제출한 문서는 다 어디로 가서 휴지조각이 되는가. 보고서를 받아든 기관은 보고서에 담긴 말을 왜곡해서 내보내기도 하고, 마치 어느 보고서에서도 그런 말을 본 적이 없다는 태도로 이상한 결정을 내리기도 한다. 차마 휴지조각 취급까지는 할 수 없는 보고서들은 정치권과 정부 기관에서 그냥 깔고 앉아서 시간을 보내기도 한다.

2019년 11월 국가인권위원회는 김문수 전 경기지사의 혐오 발언에 대한 진정을 각하함으로써, 그전 달에 자체 발간한 '혐오표현 리포트'의 취지를 무색하게 만들었다. 정치인 등 "대중적인 영향력을 가진 사람의 혐오표현에는 긴급하고 강한 사회적 대응이 필요하다"는 보고서의 메시지는 위원회의 단호한 행동으로 이어지지 못했다. 물론 이런 경우를 대비해 많은 연구 용역 보고서에는 "이 보고서는 '혐오표현 리포트' 작성팀의 연구 결과물로서 국가인권위원회의 입장과 다를 수 있습니다" 같은 문구가 삽입돼 있다. 보고서를 쓴 이들의 생각이 연구 용역을 준 기관의 입장과 다를 수 있다는 것이 틀린 말은 아니다. 그러나 적어도 세금으로 운영되는 공적 기관이라면 그 이름으로 발간한 보고서의 내용이 기관의 공식 입장과 정확히 어떻게 다른지 밝혀야 한다. 변명할 여지를 남기는 것으로 끝내지 말고 적극적으로 변명을 해달라는 말이다.

과학계의 조사보고서 사정도 그다지 좋지 않다. '휴지조각' 토론회에서 논의된 중대재해사업장 보고서들과 경중을 따지기는 어렵지만, '기후변화에 관한 정부 간 패널IPCC'이 내놓은 지구 온도 상승에 대한 보고서는 한국에서 거의 휴지조각 취급을 받고 있다. 아마도 과학의 역사상 가장 중요한 조사보고서라고 부를 만한 문서를 못 본 척하거나 없는 셈 치는 분위기다. 당장 눈앞에서 떨어지고 끼이고 깔려서 죽는 사람들을 살리자는 보고서도 휴지조각이 되는 마당에, 기후위기가 닥치고 있으니 지구를 지키자는 말이 무시당하는 것이 놀랍지는 않다.

이른바 '사회적 합의'를 통해 정책을 바꾸는 것은 단지 사람을 많이 모아놓고 설문조사나 투표를 해서 할 수 있는 일이 아니다. 어떤 사안에 대해 한국과 국제 사회가 축적한 최선의 지식을 흡수하고, 그런 지식이 도출된 현장의 실태를 면밀히 확인하고, 그로부터 우리가 어디까지 변화할 수 있을지 제안하는 것이 바로 사회적 합의의 과정이다. 어떻게든 국회의원과 관료와 언론의 마음을 움직여 단 하나의 법률, 시행령, 규정이라도 바꿔보기 위해 오늘도 보고서와 논문을 쓰는 연구자와 활동가가 많다. 세상을 조금 더 낫게 만드는 변화는 이들의 무거운 말을 휴지조각으로 만들지 않는 것에서 시작할 수 있다.

집단 사망의 과학

2020년 7월 27일 사회적 참사 특별조사위원회는 '가습기 살균제 피해 규모 정밀조사 결과'를 발표했다. 5천 가구, 1만 5472명을 대상으로 방문조사를 했더니 그중 16.6%에 해당하는 2844명이 가구 내에서 가습기 살균제를 사용한 경험이 있었고, 살균제 관련 질병 진단을 받은 사람이 44명, 사망한 사람이 7명이었다. 이 데이터를 전체 인구에 맞춰 분석하면, 1992년부터 2011년까지 약 627만 명이 가습기 살균제를 사용했고, 그중 약 67만 명이 건강피해를 보았고, 약 9만 명이 병원에서 가습기 살균제 관련 질병 진단을 받았으며, 결국 약 1만 4천 명이 사망했을 것으로 추산한다는 것이 발표의 요지였다. 1만 4천 명이다.

이 발표의 핵심은 약 1만 4천 명이 사망했을 것이라고 특별조사위원회가 '추산'했다는 사실이다. 우리는 가습기 살균제로 인해 질병을 얻어 사망한 사람을 일일이 다 세지 못했고, 앞으로도 그것은 확실히 알아낼 수 없는 추산값으로만 남을 것이다. 2020년 7월 17일 기준으로 집계된 사망자가 1553명이니 그 아홉 배에 이르는 사람들이 미처 가습기 살균제의 위험을 경고하는 신호를 보내지도 못한 채 사망했다고 짐작할 수 있다. 국가의 특별조사위원회가 과학의 힘과 행정의 힘을 모두 동원해도 다 세지 못한 이 집단 사망을 어떻게 설명해야 할까.

완전하지는 않지만 비교적 정확하게 셀 수 있는 집단 사망은 공장이나 공사장 같은 산업 현장에서 발생한다. 『경향신문』이 2018년 1월부터 2019년 10월까지 발생한 산업재해 사고를 조사하여 만든 아카이브는 1748명의 노동자가 '떨어짐', '끼임', '물체에 맞음', '부딪힘', '깔림·뒤집힘' 등의 사고를 당해 사망했음을 한눈에 보여준다. '아무런 안전장비 없이 높은 곳에서 작업하다 추락', '땅을 파고 들어가 작업 중 안전조치 없이 붕괴', '제대로 적재·고정되지 않은 물체가 떨어지면서 깔림' 등으로 사고 형태가 상세하게 분류되어 있지만, 결국 이것도 산업 현장의 집단 사망 사태다.

어떤 집단 사망은 티브이 뉴스로 나올 만큼 주목받기도 하지만, 어떤 집단 사망은 작은 소리만 내면서 나날이 쌓여 간다. 어떤 집단의 사망은 누군가 나서서 퍼즐을 맞추지 않으면 그것이 발생했다는 기록도 없이 사라진다. 지금 어디에 또 어떤 집단의 사망이 벌어지고 있는지 알 수 없다. 과학은 가시적인 동시에 비가시적인 이 집단 사망 현상을 어떻게 발견하고, 측정하고, 분석할 수 있을까. 과학은 집단 사망이라는 물리학적이고 생물학적이고 사회학적인 현상에 어떻게 응답할 수 있을까. 사람들이 자연스럽지 않은 원인으로 이렇게 많이 사망하는 것을 설명하려는 과학을 '집단 사망의 과학'이라고 부를 수 있겠다.

『경향신문』이 아카이브를 만들면서 내세운 "그들은 왜 떨어지는가"라는 질문은 '집단 사망의 과학'이 답해야 할 연구 질문의 좋은 사례라고 할 수 있다. 절반 가까운 사람들이 높이 5미터가 안 되는 곳에서 떨어져 사망하는 현상은 일차적으로 간단한 물리학 계산으로 이해할 수 있지만, 이렇게 많은 사람이 계속해서 떨어지는 원인을 밝혀내고 제거하는 것은 물리학 바깥으로 나가야만 가능하다. '집단 사망의 과학'은 개별 사망의 원인을 직접적으로 밝히는 데 필요한 과학만이 아니라 사망의 규모, 사망의 패턴, 사망의 사회적 결과를 함께 밝히는 과학, 이른바 '융합' 과학이다. 공사장에서 일하던 그들은 왜 떨어지는가, 가습기 살균제를 사용한 그들은 왜 숨을 쉬지 못하는가. 가장 쉬우면서 가장 어려운 이 문제를 우리는 아직 풀지 못하고 있다.

집단 사망의 위험은 어느 국가에나 있다. 그러나 모든 국가가 집단 사망을 조사하고 막는 일에 과학적, 정치적 역량을 집중하지는 않는다. 오히려 그런 시도를 쓸데없고 소모적인 활동으로 치부하기도 한다. '집단 사망의 과학'은 빈번한 집단 사망 현상을 묻어버리지 않고 현존하는 최선의 과학을 동원하여 사망의 과정을 규명하고 재발을 막겠다는 의지의 표출이다. 이 과학의 결과는 논문만이 아니라 아카이브, 조사위원회 보고서, 전문가 의견서, 정책 권고안 등 가능한 모든 형태로 발표되어야 한다. 자연과학과 사회과학을 막론하고 집단 사망의 연쇄를 끊는 일이 바로 지금 여기에서 과학의 존재 의의를 확인하는 통로 중 하나일 것이다. 집단 사망을 연구하자.

깊은 바다를
비추는 과학

소셜미디어에서 관심을 끈 '깊은 바다'라는 웹사이트(neal.fun/ deep-sea)가 있다. 손가락으로 화면을 쓸어 올리면 마치 잠수함을 탄 것처럼 바다 밑으로 내려가면서 거기에 사는 해양생물들을 보여준다. 700미터쯤에는 6600만 년 전에 멸종된 줄 알았다가 1938년에 새로 발견된 실러캔스가 있었고, 3천 미터에는 포유류 중 가장 깊이 헤엄친다는 민부리고래가 있었다. 1만 미터가 넘는 바닥까지 내려가려면 아주 오랫동안 손가락을 움직여야 했다. 바다는 정말 깊었다.

'깊은 바다'에서 느낀 것은 '자연의 신비'라기보다는 '과학의 힘'이었다. 저 깊고 어두운 곳에 무엇이 있는지 어떻게 알아낼 수 있었을까. 1600미터쯤에 등장하는 설인게는 2005년에 미국 우즈홀해양연구소가 운용하는 유인잠수정 '앨빈'을 타고 바다로 들어간 과학자들이 발견했다. 2900미터쯤에 등장하는 뱀파이어 오징어가 얕은 바다에서 깊은 바다로 눈처럼 내려오는 유기물을 먹고 산다는 사실은 2012년 미국 몬터레이만 아쿠아리움 소속 과학자들이 원격조종 잠수정을 활용해서 밝혀냈다. 심해 과학자들은 새로운 생명체를 찾는 일과 그것을 위한 새로운 기술을 개발하는 일을 멈추지 않고 있다.

'깊은 바다'에 등장하는 민부리고래보다 더 깊은 곳, 약 3400미터 지점에 스텔라데이지호의 선체가 놓여 있다. 브라질에서 철광석을 싣고 중국으로 가다가 2017년 3월 31일 남대서양에서 침몰한 스텔라데이지호에는 선원 24명이 타고 있었고, 이 중 두 명만 구조되었다. 실종자 가족들은 63빌딩보다 더 큰 배가 왜 갑자기 침몰했는지 알고 싶어 한다. 외교부 의뢰를 받은 오션인피니티사가 2019년 2월 선체를 발견하고 항해기록장치를 수거했지만, 사고 원인 규명에 유용한 데이터를 추출하지는 못했다. 배에 구조적인 문제가 있었을 것이라는 마셜제도 쪽의 조사보고서가 나왔지만, 가족들은 선체를 직접 조사해서 사고 원인을 명확하게 밝혀야 한다고 주장한다.

　3400미터 해저면에 수십 조각으로 갈라져 있는 배에서 침몰 원인을 밝혀내는 일이 과연 가능할까? 그 깊고 어두운 바다에서 선체를 정밀하게 촬영하고 분석할 수 있을까? 놀랍게도 20년 전부터 그런 조사가 가능했다. 1997년 우즈홀해양연구소는 4천 미터에 가라앉은 화물선 더비셔호의 선체를 탐사해달라는 영국 정부의 요청을 받았다. 1980년에 침몰한 더비셔호는 1994년에야 발견됐고, 영국 정부는 당시 최고의 심해 탐사 기술을 보유한 우즈홀해양연구소에 더비셔호 침몰 원인 규명을 위한 정밀 조사를 의뢰했다. 더비셔호의 침몰을 둘러싼 모든 의혹을 해소하겠다는 영국 정부의 의지와 미국 과학연구기관의 역량이 결합됐다.

　더비셔호는 가로세로 1킬로미터가 넘는 구역에 2천여 조각으로 흩어져 있었다. 우즈홀해양연구소 팀은 영국 정부의 요청에 따라 선체 조각을 모두 확인해서 지도를 만들었다. 해양 생물과 지질을 찍던 카메라가 4천 미터 바닷속 부서진 선체 위를 돌아다니며 사진 13만 장을 찍었다. 사고 원인 규명에 단서가 될 만한 부분은 가까이 다가가 정밀 촬영했다. 영국 정부가 발간한 더비셔호 수색 보고서에 담긴 사진들은 선체 절단면의 질감을 느낄 수 있을 만큼 생생하다.

이 데이터를 바탕으로 사고조사팀은 모두 13개의 침몰 시나리오를 하나하나 검증해서 가장 유력한 침몰 원인을 밝혀냈다. 축적된 과학의 힘이 남김없이 발휘된 사례였다.

더비셔호 수색 마지막 날 해가 질 무렵, 조사단은 희생자들을 기억하는 화환을 바다로 던졌다. 더비셔호 보고서는 그 장면을 이렇게 기록한다. "바로 그 순간, 배에 타고 있던 우리 모두는 우리가 무엇을 위해 거기에 있었는지 명확하게 알 수 있었다." 또 그들은 이렇게 얻은 지식이 앞으로 "배를 타고 바다로 들어가는 이들을 더 안전하게 만들 것"을 바라면서 보고서를 더비셔호 선원들에게 헌정했다.

더비셔호 사고에서 과학은 깊은 바다를 비추는 동시에 가족을 잃은 이들의 고통을 비추었다. 더비셔호와 마찬가지로 스텔라데이지호는 우리에게 기본으로 돌아갈 것을 요청하고 있다. 심해 로봇은 왜 만들고, 과학은 왜 하고, 국가는 왜 있는가를 묻는다. 스텔라데이지호 침몰 이후 1천일이 지난 지금, 한국 정부는 과학의 힘으로 바닷속 어디까지 밝힐 의지가 있는가.

공무수행 과학의 애로

정부가 문을 닫자 과학도 멈췄다. 미국~멕시코 국경에 장벽을 짓는 예산을 두고 도널드 트럼프 행정부와 의회가 대립한 끝에 2018년 12월 말부터 35일 동안 미국 연방정부가 '셧다운' 상태가 되자, 연방정부에서 나오는 예산과 인력으로 돌아가던 과학 활동 대부분이 중단된 것이다. 가령 셧다운은 지난 8년 동안 매주 버지니아주 셰넌도어 국립공원 속을 하이킹하면서 냇물 샘플을 수집하던 생태학자의 작업을 막았다(『사이언스』 보도). 정부기관인 국립공원관리청이 문을 닫으면서 생태학자의 출입도 금지한 것이다. 오래전 산성비로 나빠진 수질이 어떻게 회복되는지 관찰하려는 장기 과제의 데이터에 메꿀 수 없는 공백이 생겼다.

셧다운은 또 미 항공우주국(NASA·나사)이 지난 10년 동안 비행기를 띄워 레이저로 극지방의 얼음을 관측해온 '아이스브리지' 프로젝트에도 피해를 주었다. 『사이언스』는 연방정부 셧다운으로 나사가 문을 닫고 비행기 정비작업에 차질이 생기자 올해의 관측 비행 규모가 절반 이하로 축소될 전망이라고 보도했다. 이에 따라 항공 관측 결과와 비교함으로써 2018년 9월 발사된 얼음 관측 위성의 정확성을 검증하고 보정하려던 나사의 계획은 틀어졌다. 워싱턴의 정치적 대립 때문에 얼음 데이터를 잃게 된 빙하학자들은 좌절했다.

미 연방정부의 셧다운 사태가 드러냈듯이 정부는 과학의 후원자일 뿐 아니라 과학 활동을 조직하고 실행하는 주체이기도 하다. 정부는 과학자를 고용하고, 그들의 과학 활동이 핵심 역할을 하는 정부 조직을 만들어 운용하고, 그 결과를 활용함으로써 국민에게 안전과 편의를 제공해 정부의 존재 의의를 인정받는다. 이렇게 정부에 소속된 과학자가 국민을 위해 매일같이 수행하는 과학을 '공무수행 과학'이라고 부를 수 있다. 화학물질 위험, 생태계 파괴, 미세먼지 문제 등 '공무수행 과학'이 다루는 연구 대상은 국가 운영과 국민 생활의 모든 영역에 걸쳐 있다. 공무, 즉 공적인 일로 인정받는

사람의 자리

과학은 긍정적인 의미에서 정부에 포섭된다.

'공무수행 과학'은 노벨상을 받을 업적을 내거나 4차 산업혁명을 이끌 신기술을 개발하는 것을 최종 목적으로 삼지 않아도 괜찮다. 오히려 그런 거창한 목표는 과학이라는 공무를 제대로 수행하는 데에 방해가 된다. 또 화려한 혁신의 선봉에 서지 않는다고 해서 '공무수행 과학'을 만만하고 재미없는 과학으로 치부해서는 안 된다. 과학을 공무로 수행하는 과학자는 누가 대통령이 되든, 어떤 세력이 여당이 되든 상관없이 날마다 출근하여 측정 기기와 샘플을 확인하고, 모델을 분석하고 수정하고, 지도와 그래프를 만들고, 언론에 현황 분석과 예측 결과를 제공하고, 국민에게 닥친 긴급상황에 대응하는 일을 맡는다. '공무수행 과학'에도 당연히 창의적이고 혁신적인 접근이 필요하지만, 공적 과학의 창의와 혁신은 무엇보다 그 활동의 연속성, 안정성, 신뢰성에서 나온다.

2019년 1월 25일 정부가 미세먼지 해결 방안의 하나로 서해상에서 실시한 인공강우 실험은 '공무수행 과학'의 모범 사례가 되지는 못했다. 인공강우 실험 소식을 듣고 여러 과학자가 당황하면서 마치 '현대판 기우제' 같다고 비판한 것은 인공강우 실험 자체의 과학적 가치를 부정하기 때문은 아니었다. 실험이 실패했다고 질책하려는 것은 더더욱 아니었다. 근본적인 문제는 인공강우라는 과학적 개념을 미세먼지라는 공적 현안에 연결하는 과정에서 연속성, 안정성, 신뢰성을 갖춘 '공무수행 과학'의 모습을 보여주지 못했다는 데에 있었다.

대통령과 장관이 인공강우를 비롯한 미세먼지 대책을 요구하자마자 서해상으로 비행기를 띄우는 모습은 날마다 돌아가는 미세먼지 예보 조직의 열악한 상황과 대비된다. 2015년 『한겨레』는 "미세먼지팀의 예보 담당 연구원 8명은 통합예보실에서 2인 1조가 돼 하루 12시간씩 주야로 교대근무하며 매일 새벽 5시부터 6시간 간격으로 네차례 미세먼지와 초미세먼지 농도 예보를 내놓는다"고 보도했다. 이후 미세먼지가 사회적 의제로 부상한 4년 동안 과학적 예보를 위한 환경은 별로 변하지 않았다. 과학이라는 공무를 수행하는 데에는 해결책을 빨리 내놓으라는 재촉 대신 전문가들이 안정적으로 소신껏 일할 수 있는 여건이 필요하다. 정부가 믿고 쓸 수 있는 과학 지식이 거기서 나온다.

민식이가 남긴 숙제

'민식이법'이라고 일컫는 특정범죄 가중처벌 등에 관한 법률 개정안이 설명하는 개정 이유, 즉 "자동차의 운전자가 어린이보호구역에서 어린이 안전에 유의하면서 운전하도록 함으로써 교통사고의 위험으로부터 어린이를 보호하기 위하여"라는 말에 반대하는 사람은 없을 것이다. 자동차가 사람을 해칠 수 있다는 사실은 자명하고, 사회는 어린이를 특별히 보호해야 한다는 생각에는 상당한 합의가 이루어져 있다. 하지만 어린이 교통사고 문제 해결을 위해 어떤 조치를 어떤 정도로 해야 하는지 합의하기는 쉽지 않다.

가장 간단한 방법은 모든 운전자가 어린이보호구역(스

쿨존)에서 항상 주위를 살피고 브레이크 페달에 발을 올리는 것, 그리고 어린이와 보호자도 각별히 주의하면서 이동하는 것이다. 물론 이렇게 하자는 교육과 캠페인만으로 모든 사람이 행동을 바꾸지는 않는다는 것을 우리는 잘 알고 있다. 사람을 항상 믿기는 어렵다고 생각하면 우리는 과격한 방법을 시도할 수도 있다. 가령 도시계획의 원칙을 새로 짜서 스쿨존에 차량의 진입을 막는 것이다. 스쿨존 주위의 도로를 봉쇄할 수도 있고 운전자가 불쾌할 정도로 과속방지턱을 높고 촘촘하게 설치할 수도 있다. 그러나 우리는 이런 전략이 강한 반발을 낳는다는 것도 알고 있다.

누군가 제안할 법도 한데 논의가 없는 해결책 중 하나는 '4차 산업혁명'의 테크놀로지에 의존하는 방식이다. 스쿨존에 진입하는 차의 위치를 자동으로 경찰청 관제 시스템으로 보내고, 이 시스템이 자동차의 전자제어장치와 통신하면서 운전자의 의지와 상관없이 브레이크를 작동시킨다. 차량 감지 센서를 곳곳에 달아놓고 차가 스쿨존을 떠날 때까지 시속 10킬로미터 이내로 원격 조종한다. 운전자에게서 차의 제어권을 일시적으로 빼앗아 자동차를 (경찰의 통제를 받는) 자율주행차로 만드는 것이다. 효과는 확실하겠지만 실제로 구현하기는 어려운 시스템이다.

이렇게 극단적인 방법들 대신에 우리가 결국 채택하는 것은 '민식이법'에서처럼 어린이보호구역에서 발생한 사망이나 상해에 대해 처벌을 강화하거나 도로교통법을 개정해서 무인 교통단속 장비, 신호기, 안전표지 등을 설치하도록 하는 정도다. 우리는 테크놀로지나 인프라에 모든 강제력을 부여해서 일거에 문제를 해결하기보다는 운전자가 어린이를 보호하려는 의지나 습관을 유도하는 느리고 간접적인 방식을 취하고 있는 것이다. 그 과정에서 운전자에 대한 처벌이 과도하다거나 단속 장비의 효과가 없다는 식의 논란도 생긴다.

문제를 속 시원히 해결하지 못하면서 논란을 일으키는 대책으로 수렴하게 되는 것은 단지 예산이나 기술력이 부족해서가 아니다. 우리가 운전자의 의지나 습관에 호소하는 것은 우리가 여전히 운전자를 영혼이 있는 존재, 자율적인 시민으로 가정하고 있기 때문이다. 지금의 법과 정책이 상정하는 운전자는 때로 깜빡하고 실수하기도 하지만, 카메라와 신호기와 안전표지를 보면서 이곳이 우리가 특별히 보호해야 하는 사람들이 있는 공간이라는 사실을 알아차리고 행동할 수 있는 존재다. 간단히 말해 '어린이보호구역'의 의미가 무엇인지 이해하는 사람이다.

2020년 어린이날 직전에 나왔다가 논란을 일으킨 '스쿨존을 뚫어라-민식이법은 무서워'라는 제목의 스마트폰 게임은 운전자에 대한 이런 가정을 포기하고 있다. 스쿨존에 진입한 택시가 반대 방향으로 달려오는 어린이들을 좌우로 피해야 하고, 얼마 못 가서 어린이와 충돌하면 바로 경찰에게 체포된다는 설정의 게임이다. 이 게임은 운전자가 사회적 합의와 법이 작동하는 공간 속에서 스스로 판단하고 행동하는 존재라는 점을 부정한다. 대신 운전자를 그저 어린이라는 장애물을 피해서 스쿨존을 뚫는 기계적 행위자로 가정한다. 이 게임은 어린이를 도로에 난데없이 뛰어드는 장애물로 희화한다는 비판을 받았지만, 그에 못지않은 문제는 게임이 운전자를 영혼 없는 로봇 같은 존재로 희화한 것이다.

"갑자기 튀어나오는 초등학생들을 피하세요. 초등학생을 건드리면 큰일 나요." 스쿨존에서의 운전을 이런 식의 게임 미션처럼 생각해서는 '민식이법'의 문제를 토론할 수도 없고 사고를 막지도 못한다. 운전은 법과 제도와 도덕과 기술이 복잡하게 얽힌 공간에서 이루어지는 사회적 행위다. 이 복잡한 조건 속에서 자동차와 운전자와 어린이의 행동을 조금씩이라도 바꿔나가는 것이 민식이가 우리에게 남긴 숙제일 것이다.

엄마는 딸을 만났을까

2020년 2월 6일 MBC에서 방송한 다큐멘터리 〈너를 만났다〉는 어린 딸을 혈액암으로 먼저 떠나보낸 엄마가 가상현실 기술로 만들어낸 딸의 모습을 만나는 과정을 보여주었다. 센서가 달린 장갑을 끼고 헤드셋을 쓴 엄마는 가상현실에 등장한 딸 나연이의 얼굴을 만지고 머리카락을 쓸어내렸다. 생일케이크에 촛불을 켜고 노래도 불러주었다. 나연이가 가장 좋아했던 미역국을 먹는 모습도 지켜보았다. 가상 스튜디오에서 딸을 만나는 엄마를 보던 제작진은 눈물을 흘렸고, 나연이 아빠, 오빠, 언니, 막내 여동생, 그리고 방송을 본 시청자들도 비슷한 심정이었다.

가상현실에 등장한 아이가 나연이와 다르다는 사실은 프로그램에 참여한 모두에게 분명해 보였다. 그 아이가 진짜 나연이라고 오해할 소지는 별로 없었다. 일곱 살 막내는 "얼굴이 좀 다르잖아"라고 했고, 헤드셋을 벗고 현실로 돌아온 엄마는 "사실은 우리 나연이랑은 많이 다른 느낌이니까. 근데 이렇게 멀리 가면 또 나연이 같더라고요"라고 했다. 가상현실 속 나연이가 움직일 때 "얼핏얼핏 보이는 모습"에서 나연이와 비슷한 느낌을 받는 정도였다. 나연이를 누구보다 잘 기억하고 있을 엄마가 혼동할 만큼 나연이를 충실히 재현하는 것은 불가능했다.

다큐멘터리에 나온 가상현실 제작 과정을 보면 이런 한계는 당연한 것이다. 사진과 영상으로 남아 있는 나연이의 흔적은 가상현실 속 3차원 모델을 만들기에는 부족했다. 그래서 나연이 또래의 아이 다섯 명에게 문장 800개씩을 말하게 하여 얻은 데이터를 나연이 음성 재현에 사용했다. 나연이와 비슷하게 생긴 아이의 얼굴과 몸을 3차원으로 스캔해서 가상현실 속 나연이의 기본 형태로 삼았다. 또 연기자가 나연이 사진과 영상에 나오는 표정과 동작을 따라 하도록 하고 그것을 촬영해서 가상현실 속 움직임을 만들었다. 연기자는 나연이가 미역국을 먹는 동작도 따라 했다. 한 사람을 디지털로 재현하는 것이 얼마나 어려운지 잘 알 수 있었다.

하지만 외모, 표정, 동작을 사실적으로 재현한다고 해서 가상현실 속 나연이를 생전의 나연이로 느끼게 되는 것은 아니다. 처음에 가상현실 제작에 반대했다는 열다섯 살 첫째는 기술로 재현할 수 없는 것이 무엇인지 잘 알고 있었다. 제작진이 나연이에 대한 기억을 묻자 오빠가 꼽은 첫 번째 기억은 "착했다"였다. 착한 나연이를 어떻게 다시 데려올 수 있겠는가. "항상 웃어요" "머리가 짧았어요" 같은 시각적 기억은 기술로 되살려볼 수 있겠지만, "저랑 제일 친했어요" "아무도 안 반한 사람이 없습니다"는 어떻게 해볼 도리가 없다. 오빠의 기억은 나연이와 함께 보낸 시간과 그러면서 맺은 관계에 대한 것이었고, 이는 기술의 영역 너머에 있다.

가상현실 속 엄마와 나연이의 만남은 가짜였을까? 엄마가 솔직하게 말했듯이, 헤드셋을 쓴 엄마가 본 아이는 나연이가 아니었다. "한 번만 만져보고 싶어"라고 간절히 말할 때 사실 엄마는 초록색 배경 앞에서 허공에 손짓을 하고 있었다. 그렇게 비싸고 복잡한 기술을 동원해서 가상현실에 나연이와 비슷한 캐릭터를 만드는 것이 휴대폰에 저장된 진짜 나연이 사진과 영상을 꺼내 보는 것보다 나은 점이 있느냐는 의문도 생긴다.

하지만 진짜로 착각할 만한 가짜를 만들었느냐 하는 것이 가상현실 기술의 궁극적 잣대는 아닐 것이다. 가상현실 속 나연이는 진짜가 아니었지만, 엄마의 얼굴과 헤드셋 사이 틈으로 흘러내린 눈물은 진짜였다. 나연이를 사랑했던 사람이라면 한눈에 알아차릴 만큼 가상현실은 아직 성기지만, 어떻게라도 딸을 만나겠다는 엄마의 간절함은 가상현실 속에서 밀도 높은 진짜 감정을 유발했다. 엄마는 그 눈물의 기억으로 또 나연이를 잊지 않고 살 것이다.

　　우리는 헤드셋을 쓰고 들어간 가상현실 속에서도 울고 웃을 수 있다. 그리고 그 울음과 웃음의 효과는 가상이 아닌 현실로 이어질 수 있다. 그렇다면 가상현실을 만들고 제공하는 이들이 고민해야 하는 것은 가상현실에서 누가 무엇을 경험하고 어떤 이유로 울고 웃게 할 것인가라는 질문이다. 누구의 도움을 받아 누가 지켜보는 가운데 들어갔다 나오는지에 따라 가상현실은 위로와 치유가 될 수도 있고 더 큰 상처가 될 수도 있다. 엄마는 가상현실로 들어가기에 앞서 "좋은 걸 경험했으면 좋겠는데"라고 말했다. 부디 그랬기를 바란다.

2인 1조
김용균의 가상현실

2021년 2월 4일 MBC에서 방영한 가상현실 다큐멘터리 〈용균이를 만났다〉는 가상현실 기술의 가능성과 한계를 다시 묻게 한다. 2018년 12월 태안 화력발전소에서 일하다가 컨베이어벨트에 몸이 끼여 사망한 김용균을 가상현실 속에서 만나도록 하는 프로그램은 이런 질문으로 시작한다. "타인의 시간과 공간 속으로 들어간다면 우리는 그 사람을 이해할 수 있을까요?" "만난 적 없어도 아는 사람처럼 느끼고 그의 상황과 아픔을 공감할 수 있을까요?" 가상현실 기술로 무엇을 어떻게 재현해야 그런 일이 가능할까.

가상현실 기술이 현실을 재현하는 방식에 대한 일반적인 비판은 〈용균이를 만났다〉 프로그램에서도 여전히 유효하다. 가상현실은 현실의 일부를 주로 시각적으로 재현해낼 수 있을 뿐, 현실을 그런 모습으로 지속시키는 구조를 드러낼 수는 없다. 헤드셋을 쓰고 가상현실로 들어간 사람이 "용균이를 만났다"고 말할 수도 있겠지만, 그가 김용균 사망 사건의 진상을 목격했다고 말할 수는 없을 것이다. 헤드셋을 쓴 사람은 화력발전소 내부 모습과 김용균이 시설 점검창 안쪽으로 몸을 집어넣는 모습을 자세하게 볼 수 있지만, 그가 왜 몸을 집어넣어야 했는지, 그는 왜 2인 1조가 아니라 혼자 작업하다 숨졌는지 알아차릴 수는 없다. 그 구조를 이해하려면 우리는 헤드셋을 쓰는 대신 '고 김용균 사망사고 진상조사결과 종합보고서'라는 제목의 663쪽짜리 문서를 읽어 내려가야 한다.

김용균을 만나는 체험을 설계하기 위해 그의 가족, 동료, 친구를 만나면서 제작진은 김용균의 죽음에 대한 이해와 공감이 단지 가상현실의 시각적 품질 문제가 아니라는 사실을 인식했을 것이다. 아들을 잃고 2년이 지난 뒤 국회 앞에서 중대재해기업처벌법 제정을 촉구하며 단식농성을 하는 김미숙 씨의 마음은 가상으로 체험할 수가 없다. 사고 현장에서 뒤늦게 김용균을 처음 발견하고 그 몸을 들어 올린 이인구 씨가 그날 보았던 "깊이를 알 수 없는 암흑"을 가상으로 목격할 수도 없다. "제가 복기를 자주 해요"라며 이인구 씨가 털어놓은 그 암흑의 경험을 제작진은 도무지 가상현실로 구현할 수 없었을 것이다. 현실 혹은 진상은 가상현실이 재현할 수 있는 것 너머에 있다.

그렇다면 근본적으로 재현 불가능한 것을 재현하려는 시도를 통해 제작진은 무엇을 보여주고 싶었던 것일까. 또 헤드셋을 쓰고 가상현실에 들어가 볼 수도 없는 티브이 시청자는 프로그램에서 무엇을 볼 수 있었을까.

〈용균이를 만났다〉를 보던 나는 현실과 가상현실 중간쯤에서 뜻밖의 2인 1조 공동 작업 현장을 목격했다. 가상현실에 들어갈 김용균의 동작 데이터를 만들기 위해 이인구 씨가 작업 시범을 보여주고 이를 배우가 옆에서 따라 하는 장면이었다. 그때 마침 "위험한 작업이지만 2인 1조의 작업 원칙은 지켜지지 않았습니다"라는 음성 해설이 나온 것은 우연이 아니었을 것이다. 이인구 씨는 막대기를 들고 한쪽 무릎을 꿇은 채 바닥을 긁는 동작을 보여주었다. 똑같이 한쪽 무릎을 꿇은 배우는 빈손으로 동작을 따라 했다. 이인구 씨는 말과 몸으로 설명했다. "그러면 이렇게 들어가서, 들어가서 여기에 탄이 쌓여 있잖아요. 이렇게 잡고 이렇게 찌르죠."
막대기를 넘겨받은 배우는 진지한 얼굴로 방금 본 동작을 연
습했다. 김용균의 움직임은 그와 함께 일했던 동료를 통해
배우에게 전달되었고, 배우를 통해 다시 가상현실 속 김용균
의 움직임으로 구현되었다. 사고 당시 지켜지지 않았던 2인
1조 작업이 그의 동작을 데이터로 살려내려는 동료와 배우
사이에서 이루어졌다.

가상현실은 김용균과 그의 죽음을 온전히 재현하지 못
했지만 그의 옆에 서서 그를 지켜보는 경험을 제공했다. 배
우가 가상 스튜디오에서 2인 1조의 일원이 되어 김용균의 동
작을 관찰한 것처럼, 헤드셋을 쓴 사람들은 가상현실 속에서
작업 중인 그의 옆에 서서 가상의 2인 1조가 되었고 그가 사
라지는 것을 목격했다(MBC 보도자료). 2018년 그날 2인 1조
가 아니었기에 아무도 직접 보지 못했던 그의 죽음을 가상으
로 목격한 사람들은 헤드셋을 벗은 다음 무엇을 증언하게 될
까. 그 증언은 가상현실이 아닌 진짜 현실을 바꿀 수 있을까.
단식하며 호소하던 김미숙 씨에게 바삐 인사하고 지나가던
국회의원들에게 헤드셋을 씌우고 김용균과 2인 1조가 되게
했다면 중대재해기업처벌법이 제대로 제정될 수 있었을까.

3장

살 만한 곳을 위한 과학과 정치

두 개의 태블릿

2010년 1월 스티브 잡스는 태블릿 컴퓨터 아이패드를 처음 소개하면서 "마술적이고 혁명적인 기기"라고 했다. 애플의 보도자료는 아이패드에서 인터넷을 쓰는 일이 "놀랄 만큼 더 쌍방향적이고 친밀한, 완전히 새로운 경험"이 될 것이라고 홍보했다. 큰 화면과 매끄러운 키보드가 있어서 "즐겁고 쉽게" 이메일을 읽고 쓸 수 있을 거라고 했다. 영국 신문 『가디언』은 아이패드가 출시되었을 때 이것이 과연 '읽기 혁명'을 일으킬 것인지 물었다. 아이패드 같은 태블릿 컴퓨터가 스마트폰과 구별되는 중요한 특징은 책이나 문서를 읽기에 더 편하다는 점이었다. 태블릿은 글을 쓰고, 편집하고, 읽는 모든 사람에게 새로운 기회와 자극이었다.

그러므로 2016년 10월 21일, 이원종 당시 대통령 비서실장은 최순실 씨가 대통령 연설문 작성에 관여하는 것이 "봉건시대에도 있을 수 없는 얘기"라고 반박하는 대신, 최씨가 봉건시대에는 없었던 방식으로 연설문을 검토했다고 설명했어야 했다. 박근혜 대통령과 비서들과 최순실 씨 사이에서 권력은 태블릿을 통해 흘렀다. 직접 만나 문서를 건네받을 필요 없이, 언제 어디서나 손가락 터치 한 번이면「한반도 평화통일을 위한 구상」같은 연설문이 최순실 씨의 갤럭시 탭 화면에 떴다. 최순실 씨는 자신의 태블릿 화면을 '잠금 해제'하는 것만큼 손쉽게 대통령 문서의 잠금장치를 열 수 있었다. 그 문서들을 지키라고 있는 청와대 보안 네트워크와 조직이 오히려 파일 유출을 돕거나 못 본 체했다. "놀랄 만큼 더 쌍방향적이고 친밀한, 완전히 새로운 경험"이었다. 태블릿의 장점을 최대로 살린 청와대 문서 읽기의 혁명이었다.

태블릿으로 쓱쓱 넘겨 보며 연설문을 검토하는 새로운 기술이 대통령의 말과 실제 사이의 간극을 덮어주지는 못했다. JTBC 뉴스가 공개한 최순실 씨 태블릿 속의 대통령 연설문 파일은 이런 구절들을 담고 있었다. "국민 여러분과의 약속을 반드시 지키고, 국민 대통합을 이루고, 민생을 챙겨서 국민 모두가 행복한 100퍼센트 대한민국을 만드는 것이 저의 소망이자 꿈입니다(대통령 당선자 신년사 재수정본)." "저는 영령들께서 남기신 고귀한 뜻을 받들어 보다 성숙한 민주주의의 꽃을 피우는 것이 그 희생과 아픔에 보답하는 길이라고 믿습니다(제33주년 5·18 민주화운동 기념사)." "인류의 역사는 정의와 평화를 향해 도도하게 전진해온 위대한 진보의 역사입니다. 독일이 유라시아 대륙 서쪽 끝에서 위대한 진보를 선도했듯이, 인류의 위대한 또 하나의 진보는 동쪽 끝 한반도에서 이루어질 것입니다(한반도 평화통일을 위한 구상)." 이제 어떻게 받아들여야 할지 난감해진 말들이다. 이 말들은 태블릿 화면을 따라 미끄러지고 흩어져서 어디에도 뿌리를 내릴 수 없게 되었다.

아이패드나 갤럭시탭 같은 기기가 등장하기 오래전에 '태블릿'이란 단어는 흙을 다지거나 나무에 왁스를 입혀 글을 쓸 수 있게 만든 서판書板을 뜻했다. 돌이나 금속으로 작은 판 모양을 만들어 문자와 그림을 새길 수 있도록 한 것도 태블릿이라고 불렀다. 기록하고 돌려보기 위한 판이었다. 당시의 중요한 이야기를 새긴 태블릿들이 모여 시간을 견디면 그것들이 역사가 되었다.

최순실 씨의 태블릿 속에 담긴 것들을 보고 도저히 참을 수 없었던 사람들이 한동안 잊고 있던 오래된 태블릿을 꺼내 들었다. 그리고 오늘의 중요한 이야기를 쓰기 시작했다. 혼자서도 쓰고 여럿이 모여서도 쓴다. 쓴다기보다는 새긴다고 해야 할 것이다. 강원도 북원여고의 한 3학년 학생은 "저희가 앞으로 물려받을 민주주의를 더럽히지 말아주세요"라는 요구를 대자보에 새겼다. 대구와 광주의 가톨릭대학교 신학생들은 "민주주의의 소생을 위해 시대의 분노와 절망을 품고 가겠다"는 다짐을 시국선언문에 새겼다. 세월호 가족들은 그동안 "존재하지 않는 국가의 구조"를 기다렸다는 절망과 함께 진상 규명의 의지를 다시 한번 새겼다. 이 태블릿들이 모여 역사가 될 것이다.

최순실 씨의 태블릿 컴퓨터는 손가락으로 화면을 건드리듯 간단히 권력을 사유화하고 이익을 챙긴 권력형 비리 사건의 상징이 되었다. 그 태블릿 속 파일들에는 스스로 믿지도 않는 공허한 말들이 가득했다. 그것들을 없앤 다음 우리가 앞으로 읽어야 할 것은 스스로 생각하고 표현하는 사람들의 태블릿이다. 이 땅의 서판에 한 글자 한 글자씩 눌러 새기는 묵직하고 치열한 말들이다. 민주주의의 언어다.

사람의 자리

＊
＊＊

태블릿 컴퓨터 한 대로 이렇게 큰 파장이 일었다는 사실은 흥미롭기도 하고 무섭기도 했다. 모든 일이 놀랄 만큼 쉽고 편리해진다는 태블릿 컴퓨터의 시대에는 권력에 접근하는 일도, 거짓을 만드는 일도 다 간단하게 진행된다. 인터넷, 스마트폰, 태블릿, 소셜미디어, 그리고 좀더 최근에는 인공지능과 블록체인에 이르기까지 혁신적인 새 기술이 정보의 공유를 촉진하고, 권력을 분산시키고, 그래서 사회의 개방성과 투명성을 높이고 민주주의를 확산시킬 것이라는 익숙한 레퍼토리는 이제 의심 없이 받아들이기 어렵게 되었다. 분명 새로운 기술을 통해 사회는 변화하기 마련이지만, 그 변화의 양상은 어떤 권력 집단과 어떤 시민사회가 어떤 정치제도, 경제구조, 언론 지형 속에서 경합하는지에 따라 달라질 수밖에 없다. 2016년 한국의 민주주의는 태블릿 덕분에 진전했다고 할 수 있지만 태블릿에도 불구하고 유지되었다고도 할 수 있다.

살 만한 곳을 위한 과학과 정치

살 만한 곳

2016년 과학계의 화제 중 하나는 켄타우로스자리 프록시마 별 주위를 도는 행성 프록시마 b의 발견이었다. 2016년 8월 하순 유럽 남천문대의 과학자들이 소개한 프록시마 b가 특히 큰 관심을 끈 것은 지구와 크기가 비슷하고 별에서 적당한 거리만큼 떨어져 있는 이 행성에 생명이 살 수도 있으리라는 기대 때문이었다. 태양 이외의 별 주위를 도는 행성을 연구하는 외계행성 천문학자들은 지구와 비슷한 조건을 갖춘 행성을 발견하고 조사하는 일에 특별한 의미를 부여한다. 다양한 크기와 조건의 천체 중 유독 '또 하나의 지구'라고 부를 만한 행성의 존재가 과학자들을 더욱 들뜨게 한다.

왜 하필 지구를 닮은 행성을 찾으려 할까? 외계행성 천문학자들을 관찰하고 연구하는 인류학자 리사 메서리는 이들에게 우주라는 추상적인 공간space을 구체적인 장소place로 간주하려는 태도가 있다고 지적했다. 천문학자에게 프록시마 b는 밋밋한 심연 속의 무의미한 좌표가 아니라 인간적인 의미로 가득 찬 장소로 다가온다. 그 안에 하나의 세계가 담겨 있을지도 모른다고 상상하면, 이 광활한 우주에 우리만 고독하게 존재하는 것이 아니라는 위안을 얻을 수도 있다. 따지고 들면 차이점투성이일 것이 분명한 프록시마 b에서 과학자들은 어떻게든 지구의 모습을 찾고 싶어한다. 그러면서 그들은 묻고 있는 것이다. "거기도 살 만한 곳인가요?"

한국의 2016년은 이곳이 더는 살 만하지 않다는 외침으로 시작했다. 새해 첫날 『경향신문』 사설은 "이런 나라가 아이 낳아 키우기 좋은 곳일 수 없다. 이제 한국은 호모 사피엔스가 서식하기에 적합하지 않은 땅이 되었다"고 선언했다. 같은 지면에서 손아람 작가도 "한 세대가 통째로 삶을 포기한 불모지에서는 누구도 살 수 없습니다"라고 고발했다. 살 만한 곳이 사라지고 있다는 경고는 공기, 물, 땅을 통해서도 전해졌다. 집 안을 떠다니는 독성 가습기 살균제와 거리를 가득 메운 미세먼지는 숨 쉬고 살 만한 곳을 축소했다. 녹조

살 만한 곳을 위한 과학과 정치

와 오염 물질이 들어찬 4대강은 물고기와 사람이 믿고 마시며 살 만한 곳이 아니다. 9월부터 경주 지역에서 잇따라 발생한 지진은 우리 동네가 과연 발 딛고 살 만한 곳인지 의심하게 했고, 특히 원전과 함께 대대손손 살아도 괜찮은 곳인지 걱정하게 만들었다.

"도대체 여기는 살 만한 곳인가요?" 과학과 정치가 함께 대답해야 하는 질문이다. 때로 과학자와 정치가는 정말로 못 살겠으면 여기를 포기하고 떠나는 게 어떠냐고 제안하기도 한다. 지난 9월 홍준표 경남도지사는 원래 쓰던 낙동강 물 대신 '녹조 없는 1급수 댐'을 새로 지어서 식수원으로 삼겠다는 계획을 발표했다. 파괴된 강을 공들여 살리기보다는 그냥 포기하고 새것을 뚝딱 만들어주겠다는 식의 무책임한 태도라는 비판이 일었다. 9월 말에 열린 국제우주공학회의에서 우주개발 회사 스페이스엑스의 최고 경영자 일론 머스크는 인간의 화성 정착 계획을 제시했다. 지구에 큰 재앙이 닥쳐 인류가 살지 못할 곳이 되면 우리의 선택은 태양계에서 그나마 가장 살 만한 곳인 화성으로 가는 것이라는 머스크의 주장에 환호하는 사람들이 많았다. 하지만 버리고 떠나자는 말을 무조건 환영할 수는 없다. 떠나고 싶어도 떠날 수 없는 이들에게 과학과 정치는 무엇을 제시할 것인가.

2016년이 끝나갈 무렵 시민들은 '헬조선'이라 불리는 이 땅을 포기하고 떠나는 대신 그 심장부로 몰려들었다. 불모지를 갈아엎고 두 발로 다져가며 어떻게든 살 만한 곳으로 바꾸어보겠다고 나섰다. 여기에 과학자들도 힘을 보탰다. 별을 세고 분자를 세던 과학자들은 광화문광장에 모인 사람들과 촛불의 수를 과학적인 방법으로 세어서 시민의 뜻을 전달했다. 옆 사람과 같이 걷거나 자리 펴고 앉아서 미래를 도모하기에 비좁지 않은 곳인지를 꼼꼼하게 계산했다. 외계행성 천문학자들이 눈에 보이지 않는 프록시마 b에서 살 만한 세계를 상상했듯, 한국의 과학자들은 꽉 막힌 듯했던 광장이 아직 살 만한 곳이라는 사실을 믿었고, 그것을 스스로 증명했다.

살 만한 곳을 찾아내고, 살펴보고, 가꾸는 일. 2016년은 과학과 정치가 그 임무를 자연스럽게 공유한 해였다. 조금 더 살 만한 곳에서 조금 더 나은 과학을 실천하고, 그 과학이 다시 조금 더 나은 세계에 대한 상상을 만들어내는 선순환 속에서 과학과 정치는 서로를 이롭게 할 수 있다. 과학을 통해 또 정치를 통해 살 만한 곳을 만드는 일은 지금 여기에서 가능하다.

***

'과학과 정치' 또는 '과학과 정부'의 관계는 오래된 연구 주제다. 과학은 정부로부터 혹은 정치인으로부터 어떻게 과학에 대한 지원을 이끌어내는가? 정치(가)는 과학을 어떻게 활용하거나 동원하는가? 또 정부의 안팎에서 국민의 세금을 받아 연구하는 과학자들은 정부와 어떤 관계를 맺어야 하는가? 이런 구도 속에서 보통 과학과 정치는 각자의 목적을 달성하기 위한 수단이나 자원으로 상대를 인식한다. 그러면서도 지나친 간섭이나 방해를 피하기 위해 서로를 경계한다. 하지만 2016년 겨울, 광장으로 나왔거나 광장에 대해 논하는 과학자들의 모습을 보면서 과학과 정치가 실은 매우 비슷한 임무를 부여받았다고 느꼈다. '살 만한 곳'은 과학의 관심사인 동시에 정치의 지향점이다.

가상현실과 체험사회

주말마다 방학마다 체험 행사가 넘쳐난다. 아이들은 쾌적한 분위기의 실내 동물원에서 동물을 만지고 먹이를 주는 '동물 체험'을 한다. '의사 직업 체험전'에 가면 하얀 가운을 입고 주사기를 써볼 수 있다. 국방부가 연 '우리 국군 체험전'에서는 "입체 포토존에 서 어린이 군복 체험"을 하고 "온몸으로 느끼는 대한민국 체험"을 한다. 체험은 생산자에게는 홍보와 돈벌이 수단이 되고, 소비자에게는 교육의 연장이자 주말 나들이 거리가 된다. 이런 필요와 전략이 맞물려 '체험 산업'이 번성한다. 사회학자 게르하르트 슐체가 제시한 '체험사회'라는 용어는 한국에도 잘 들어맞는다.

정치인도 아이들 못지않게 체험을 즐긴다. 유력 정치인의 이름에 '체험'이라는 단어를 넣어 검색하면 '체험 정치'의 다양한 모습을 볼 수 있다. 집배원 체험, 실버택배 체험, 콜센터 체험, 모바일 혈액진단기 체험, 모션캡처 체험, 조류인플루엔자 방역 체험 등 이른바 민생의 현장이나 혁신의 현장을 찾음으로써 본인이 이 사회의 일반적 삶과 동떨어진 사람이 아님을 증명하려는 것이다. KBS에서 20년 가까이 방영하다 2012년에 끝난 프로그램 〈체험 삶의 현장〉의 취지를 정치인들이 이어가고 있는 셈이다.

아이와 정치인은 과연 무엇을 체험하는가? 체험을 제공하는 이들은 다양한 직업의 현장과 삶의 실상, 즉 '현실'을 체험하는 것이라고 홍보한다. 직접 겪지 못하는 현실을 잠시나마 체험함으로써 미래에 더 좋은 선택을 할 수 있게 된다는 것이다. 그러나 여기서 현실은 체험하는 사람의 필요와 여건에 맞추어 미리 짜놓은 현실, 치밀하게 계산된 현실이다. 다른 말로 하면 '가상현실'이다. 아이와 정치인의 처지에 맞게 눈앞에 보일 만한 것, 손에 닿을 만한 것, 짧은 시간에 마칠 수 있는 것을 잘 계산해서 마련해놓은 맞춤형 가상현실이다. 눈에 보이지 않는 구조, 손에 닿지 않는 제도, 장시간 반복되는 일상은 일회용 체험 행사에서 제공하기 어렵다.

그래서 우리는 가상현실의 '체험'으로 현실의 '경험'을 갈음한다.

여기서 주목해야 할 것은 경험과 체험의 차이다. 『투명사회』(문학과지성사, 2014)를 쓴 철학자 한병철은 "경험은 이미 존재하는 것을 건드리지 않는 체험과 다르다"고 지적했다. "경험은 타자와의 만남이다. 반면 체험 속에서 인간은 언제나 자기 자신만을 볼 뿐이다." 타자로 가득한 현실을 경험함으로써 인간은 스스로 변화하는 동시에 현실을 변화시킬 동력을 얻는다. 이와 달리 가상현실은 그것을 체험하고 있는 자신을 재확인하는 것으로 귀결되기 마련이며, 잠시 맛본 현실에 순응하거나 무심코 현실을 좇아가도록 이끈다. 경험 대신 체험을 제공하는 가상현실은 실제와 가상의 경계를 흐릴 뿐 아니라 현실에 대한 우리의 태도를 흐리기도 한다.

요즘 미래기술로 각광받는 디지털 가상현실VR 기술은 경험을 체험으로 대체하려는 오랜 시도의 결정판이다. 두 눈 위로 장치 하나만 두르면 3차원으로 재현된 세계가 바로 앞에 펼쳐진다. 한층 빠르고 정교한 계산으로 구현한 가상현실은 우리에게 필요한 모든 것을 눈앞에서 체험할 수 있는 본격 체험사회를 예고하는 것만 같다. 트렌드를 놓치지 않는 정치인들은 이미 가상현실 기술 체험에 나섰다. 원래 각종 체험에 익숙한 이들이지만, 체험하는 기술을 또 체험하는 모습은 이중으로 어색하다. 두 눈을 덮고 가상현실 속으로 들어가면서 다음 선거에서 승리하는 자신의 모습을 상상하는지도 모르겠다.

박근혜 대통령도 재임 중 여러 차례 가상현실 기기 전시장을 찾았다. 가상현실 장치를 착용한 대통령을 찍은 보도 사진 속에는 이재용 삼성전자 부회장도 등장하고, 조윤선 장관과 안종범 수석도 보인다. 가장 최근인 2016년 10월 7일, "첨단 VR 전시물을 둘러본 박 대통령은 '이렇게 하다가 실제 생활에서 가상현실이 넓어지고 현실세계는 좁아지는 반대 현상이 일어날지도 모르겠다'며 웃음을 지었다"고 한다(『연합뉴스』).

누군가 계산하여 마련해준 드넓은 가상현실 속에서 그는 대통령 체험을 했다. 대통령 자리에 앉은 자신의 모습을 계속 확인했을 뿐, 자신을 변화시키지도 못하고 이 세계의 현실을 대면하지도 못한, 혼자만의 체험이었다. 그의 가상 대통령 체험이 곧 끝난다. 이제부터 펼쳐질 현실은 온전히 우리가 경험할 몫이다.

이 글이 신문에 실린 2017년 3월 10일은 헌법재판소가 박근혜 대통령 탄핵소추안에 대한 결정을 내리기로 예정된 날이었다. 헌법재판소의 결정 내용을 알지 못하는 상태에서 쓴 원고를 그 전날 오후에 신문사로 보냈다. 헌법재판소가 탄핵소추안을 기각할 경우 "그의 가상 대통령 체험이 곧 끝난다"라는 문장은 틀린 예측이 될 수도 있었다. 하지만 탄핵소추안이 인용되든 기각되든, 대통령직을 가상현실 체험하듯이 할 수 없다는 사실에는 변함이 없다.

과학의 위기,
민주주의의 위기

'과학의 날' 다음 날이면서 '지구의 날'이었던 2017년 4월 22일 토요일 오후, 서울 광화문광장 한편에 모인 과학자들이 팻말을 들고 연설을 하고 구호를 외쳤다. '함께하는 과학행진March for Science'에 참가한 이들은 여성 과학자와 장애인 과학자의 삶을 말하고, 과학기술 분야 진로 상담을 해주고, 참가자가 간단한 실험을 직접 해볼 수 있는 기회도 마련했다. 시민을 향해서는 "과학과 대중은 하나다"라는 구호가, 정부를 향해서는 "연구는 자율적으로, 국정운영은 과학적으로"라는 구호가 울려 퍼졌다. 선명한 정치색은 드러내지 않았지만, 대통령 선거를 두 주 남짓 앞두고서 과학자들이 광화문에서 구호를 외치고 광장 둘레를 한 바퀴 행진한 것 자체가 한국 과학계에 의미 있는 사건이었다고 할 수 있다.

행사는 대체로 밝은 분위기였지만, 과학자들이 그저 과학의 즐거움을 나누기 위해 광화문에 모인 것은 아니었다. 서울의 '과학행진'은 미국 과학자들의 제안에 세계 500여 곳의 과학자들이 호응하여 기획된 국제적 행사의 일환으로, 수십 년간 쌓인 기후 변화의 과학적 증거를 부정하고 과학과 환경 분야의 조직과 예산을 줄이려는 미국 트럼프 행정부의 방침에 항의하는 뜻을 담았다. 정치에서 한발 물러나 있는 것을 미덕으로 여기던 많은 과학자들이 이번에는 "침묵 대신 과학을"이라는 팻말을 들고 거리로 나섰다. 백악관이라는 세계 정치의 한복판에서 과학이 그 존재를 부정당했다고 느꼈기 때문이다.

연설을 마친 과학자들이 광화문광장 둘레를 행진하기 시작했을 때, 그들은 곧 한국 사회에서 위협받거나 부정당하고 있는 다른 존재들을 목격했다. 과학자의 행진은 '최저임금 1만 원 국민발안 서명'을 받는 곳을 지나, 광화문역 7번 출구 바로 앞 빌딩 광고탑에서 9일째 고공 단식농성 중인 해고노동자들과 마주쳤고, 횡단보도를 건너 세월호 천막 옆을 지나쳤다. 곧이어 '청소노동자의 봄' 행진을 준비하는 무대가 나타났고, 그 뒤로는 "걱정 마, 지구야"라는 말을 내건 '지구의 날' 기념 행사장이 있었다. 과학자들을 비롯하여 그날 광화문광장에 있던 사람들은 모두 자신의 존재를 알리고 그 가치를 지키려 했다. 광장에는 노동이 있는 민주주의, 여성이 있는 민주주의, 지구가 있는 민주주의를 요구하는 목소리가 넘쳤고, 거기에 과학자들이 '과학이 있는 민주주의'라는 요구를 추가한 셈이었다. 다만 이 목소리들이 선거라는 바람을 타고 어디까지 당도할지는 알 수 없었다.

선거와 과학의 공통점은 그제껏 보이지 않던 존재, 새로운 존재를 발견하고, 그 존재가 지속할 수 있는 조건을 규명하고, 가능하다면 그 목소리를 듣고, 그에 대해 우리가 무엇을 할 수 있는지 궁리하는 기회를 제공한다는 사실이다. 오랫동안 과학자들은 실험실 안팎에서 온갖 존재들을 찾아내고 유용하든 무용하든, 영원하든 일시적이든 그 성질을 탐구해왔다. 목성, 중성자, 그래핀, 티라노사우루스, 호모 사피엔스 같은 존재들이 그렇게 과학적 '사실'이 되었다. 과학자들은 수많은 존재를 감지하고, 이해하고, 변형하고, 심지어는 만들어냄으로써 과학의 존재 의의를 어렵지 않게 증명해왔다. 그러던 과학이 미국과 한국의 대통령 선거를 전후로 자신의 존재를 지키기 위해 나서야만 하는 상황에 몰린 것이다. 과학과 민주주의의 동시 위기라고 부를 만하다.

위기의 조짐은 한국에서 이미 나타나고 있다. 약한 존재, 억눌린 존재를 찾아내고 살펴야 할 대통령 선거 기간에 터져나온 동성애 혐오가 그런 사례다. 대선 후보 TV토론회에서 홍준표 후보가 "동성애에 반대합니까?"라고 질문하자 문재인 후보는 동성애를 반대하고 좋아하지 않는다고 대답했다. 심상정 후보가 추가 발언을 통해 동성애는 찬성하거나 반대할 수 있는 문제가 아니라고 지적하지 않았다면 대선 후보 토론이 동성애 혐오가 아무런 제지 없이 펼쳐진 자리가 될 뻔했던 것이다. 지난 수십 년 동안 과학은 동성애자가 치료나 교정이 필요한 비정상적 존재가 아니라 그저 어떤 성적 지향이 있는 온당한 생물학적·사회적 존재임을 밝혀왔다. 그 존재는 부정하거나 반대할 수 없는 하나의 '사실'로 자리 잡았다. 그러므로 동성애 혐오는 한 인간의 온당함을 폄훼하는 동시에 그 온당함을 믿을 만한 '사실'로 확립해온 과학을 부정하는 일이다. 반인권적인 동시에 반과학적이다.

익숙하지 않다는 이유로, 힘센 이들의 이익에 반한다는 이유로, 기후변화 다큐멘터리 제목처럼 '불편한 진실'이라는 이유로 존재를 부정당한다는 점에서 지구와 성소수자와 과학은 비슷한 처지에 놓였다. 트럼프의 미국과 동성애 혐오의 한국에서 과학은 자신의 존재와 자신이 밝혀낸 존재들을 함께 지켜내야 하는 과제를 떠안게 되었다. 이는 곧 과학과 민주주의를 동시에 지키는 일이다.

'함께하는 과학행진' 참가자들이 마주쳤던 고공농성 해고노동자들은 대통령 선거 다음 날인 5월 10일에 땅으로 내려왔다. 선거 국면에서 자신들의 존재를 알리고 변화를 이끌어내는 데에 성공하지는 못했다. 선거 기간에 동성애 문제로 다시 주목을 받았던 차별금지법 제정도 아직 실현되지 못했다. 한편 2018년 12월 말 트럼프 정부의 미국에서는 국경 장벽 설치 예산을 둘러싼 논란 가운데 연방정부가 셧다운되면서 정부 각 기관에서 일하는 과학자들의 연구도 일시 중단되었다. 『네이처』의 보도에 따르면, 미국 정부 과학자들의 연구 목적 여행이 무산되고, 학회 참석이 취소되고, 월급이 지급되지 못했다. 과학과 민주주의의 공동 위기는 언제라도 발생할 수 있다.

더 나은 세상을
위한 과학

"우리는 더 나은 과학과 더 나은 세상을 함께 추구한다." 2016년 6월 '변화를 꿈꾸는 과학기술인 네트워크ESC'가 창립하며 내세운 말이다. '더 나은 과학'이 어떤 과학인지, '더 나은 세상'이 어떤 세상인지 정의하지 않았고, 그 두 가지를 함께 추구한다는 것이 무슨 뜻인지도 구체적으로 설명하지 않았다. 그래도 과학기술을 연구·교육·활용·분석하는 일을 하면서 세상 돌아가는 모습에도 관심이 많은 ESC 회원들은 과학과 세상을 함께 고민해야 한다는 주장에 대체로 공감했다. 과학이 더 나아지고 세상이 더 나아진다. 그리고 그 두 가지는 서로 연결되어 있다. 이것은 쉽게 거부하거나 무시하기 어려운 제안이었다.

"더 나은 과학과 더 나은 세상을 함께 추구한다"라는 말의 의미는 2016년 말, 과학자들이 후퇴하는 세상을 막아보려고 나섰을 때 비로소 분명해졌다. ESC는 회원과 비회원 총 506명의 서명을 받아 2016년 11월 4일에 "대한민국은 민주공화국이고, 주권은 국민에게 있으며 모든 권력은 국민으로부터 나온다"는 '배경'으로 시작하여 "새누리당을 포함해 헌정 질서를 무너뜨린 현 집권 세력의 책임을 엄중히 묻고, 박근혜 대통령의 사퇴를 요구한다"는 '결론'으로 끝나는 논문 형식의 시국선언을 발표했다.

카이스트 교수들도 2016년 11월 11일, 1971년 설립 이후 처음으로 시국선언을 내면서 "미래를 짊어질 학생들에게 대한민국은 민주적 가치를 숭상하고, 거짓과 미신, 불의를 배격하고 진실과 합리성을 존중하며, 정의가 승리하는 자랑스러운 조국이라고 가르치기도 낯부끄러운 지경에 이르렀다"고 진단했다. 2016년 10월부터 이어진 국정농단 폭로, 촛불집회, 대통령 탄핵, 조기 대선이라는 급격한 변화 속에서 한국의 과학기술인들은 민주주의가 무너질 때 과학도 온전할 수 없으리라 직감했다. 민주주의의 위기는 곧 과학의 위기였다.

과학이 있는 민주주의

과학과 민주주의의 동시 위기는 한국만의 일이 아니다. 2017년 1월 취임한 도널드 트럼프 미국 대통령은 미국뿐 아니라 전 세계 과학자들에게 심각한 위협이 되고 있다. 여성, 흑인, 무슬림 혐오와 차별을 조장하는 반민주적 언행과 정책을 내놓는 트럼프 행정부가 과학자들이 수십 년 동안 기후변화를 연구하여 얻어낸 사실을 부정하고, 과학 연구와 환경보호를 위한 조직과 예산을 축소하려 시도하는 것은 우연의 일치가 아니다. 과학 혐오와 민주주의 혐오는 협력하고 공생한다. 이에 맞서 과학의 역할과 가치를 재확인하고 지켜내려는 미국의 과학자와 시민들이 '지구의 날'인 4월 22일에 '함께하는 과학행진'을 했고, 이에 호응하는 전 세계 500여 곳의 과학자와 시민 들이 함께 걸었다. "과학을 위해 일어서자 Stand Up for Science" "침묵 대신 과학Science, Not Silence" 같은 구호가 터져나왔다. 과학자들은 과학을 지킴으로써 민주주의를 지키려고 나섰다. 민주주의에는 과학이 필요하고 과학에는 민주주의가 필요하기 때문이다.

민주주의에 필요한 과학은 노벨상에 필요한 과학, 또는 4차 산업혁명에 필요한 과학과 무엇이 다른가? 노벨상이나

4차 산업혁명을 위해 국가가 과학을 지원하자는 주장은 과학이 우리에게 자연에 숨어 있는 진리를 가져다주고 결국에는 경제적 효용을 얻게 해준다는 믿음에서 출발한다. 자연과 인간에 대한 심오한 지식을 창출하면 국가의 위신이 올라가고, 창의적인 기술로 새로운 제품과 서비스를 만들면 4차 산업혁명의 수혜자가 될 수 있다는 것이다. 영국의 과학사회학자 해리 콜린스와 로버트 에번스는 최근 출간한 책『과학이 만드는 민주주의』(이음, 2018)에서 조금 다른 주장을 펼친다. 과학이 '진리와 효용'이라는 결과를 내지 못하는 일이 빈번하더라도 과학을 민주주의 사회를 구성하는 핵심 제도로 인정하고 장려해야 한다는 것이다. 콜린스와 에번스는 과학이 오래전 종교가 맡았던 역할의 현대판, 즉 사회 구성원들이 받아들일 만한 '도덕적 권위'를 제공하고 지켜나가는 역할을 할 수 있다고 본다. 과학은 민주주의 사회의 작동에 필요한 이성, 상식, 합리의 원천이 되므로 이를 존중하고 지원해야 한다는 생각이다. '과학이 있는 민주주의'를 만들자는 것이다.

과학이 민주주의 사회에서 필연적으로 생기는 갈등과 혼란에 명쾌한 답을 주지는 못한다. 4대강 사업, 밀양 송전탑, 가습기 살균제, 반도체 노동자들의 백혈병, 원자력 발전소, 세월호 진상 규명 등 최근 한국 사회가 당면한 많은 문제들이 과학의 힘으로 깔끔하게 정리되는 일은 없었고 앞으로도 그럴 것이다. 길고 지루한 법률적 다툼, 정치적 결단, 사회적 합의를 거칠 수밖에 없는 일들이다. 그러나 우리는 이런 사건마다 조금 더 과학이 영향력을 발휘하기를 바라곤 했다. 검찰, 법원, 국회, 언론이 멈춘 곳에서 과학이 조금 더 깊이 들어가주기를 기대했다. 상식, 합리, 정의의 이름으로 이런 문제들을 다루라고 만든 각종 기관과 제도가 우리를 실망시킬 때 과학이 조금이나마 그 역할을 맡아서 시민들이 납득할 만한 설명과 분석을 제시해준다면 한국 민주주의의 역량은 크게 늘어날 것이다. 과학은 민주주의 사회의 문제를 일거에 해소하는 해결사가 아니지만, 적어도 그 사회가 합리적 문제 해결의 의지를 천명하는 통로가 될 수는 있다. 공적 갈등 해결과 의사 결정 과정에서 과학적 판단을 구하고 이를 중요한 근거로 삼는 것은 아직 한국에서 제대로 발현하지 못한 정치 지도자의 자질이다.

민주주의가 있는 과학

과학이 이런 방식으로 민주주의에 기여하기 위한 전제 조건은 민주주의의 가치가 과학에서도 충분히 구현되는 것, 즉 '민주주의가 있는 과학'이다. 한국의 과학자는 표현의 자유, 양심의 자유, 학문의 자유를 얼마나 누리고 있는가? 블랙리스트에 오르거나 연구비 지원에서 불이익을 받을 걱정 없이 과학적으로, 사회적으로 중요하다고 믿는 주제를 탐구하고 그 결과를 공적으로 발언할 수 있는가? '내부고발자'라는 버거운 호칭과 주위의 불편한 시선을 감내하지 않고서는 한국에서 과학자의 양심을 지키기 어렵다. 일상적 연구 활동에서도 연구자의 자율과 독립 확보는 아직 먼 얘기다. 연구 주제를 설정할 때부터 소속 기관과 정부 부처의 요구에 휘둘릴 수밖에 없는 일선 과학자에게 창의적이고 혁신적인 결과를 내놓으라고 닦달하는 것은 부당한 일이다.

소수와 변방에 주목하고 다양성, 포용성, 공정성을 추구하는 것도 과학에 필요한 민주주의적 가치다. 그리고 이는 과학 연구의 주체와 주제에 모두 적용할 수 있는 원칙이다. 한국에서 여성, 대학원생, 이민자, 장애인, 성소수자, 비정규직으로 살면서 과학을 하는 삶은 녹록하지 않다. 존재 자체가 불안한 사람은 과학 연구에서 장기적 안목으로 과감한 도전을 할 의욕조차 가지기 어렵다. 누가 됐든 성과만 내면 된다는 식의 과학보다는 다양한 개인이 설 자리를 마련하여 다양한 과학의 가능성을 열어주는 접근이 더 민주적이다. 4차 산업혁명에 도움이 되지 않으리라는 이유로 지원을 받지 못하는 변방의 연구를 발굴하고 공정한 기회를 주는 것도 민주주의 과학의 특징이다. 민주주의 사회의 유지와 성숙을 위해 꼭 필요한데도 소외되어 있는 과학과 기술이 많다. 한국 사회가 생산하고 습득할 만한 가치가 있는 지식이 무엇인지 결정하는 일에 더 많은 연구자와 시민의 의견을 받아들임으로써 지식의 다양성을 높일 수 있다. ESC가 최근 크라우드 펀딩을 통해 한국 트랜스젠더 건강 연구를 지원한 사례도 참고할 수 있겠다.

민주주의의 가치를 담은 과학정책

'과학이 있는 민주주의'와 '민주주의가 있는 과학'은 경제성장 논리에 매여 있던 과학을 약간이나마 풀어줄 뿐만 아니라, 오히려 과도한 자본의 논리를 과학이 제어할 가능성을 모색하자는 제안이다. 앞서 인용한 콜린스와 에번스는 한 사회가 신뢰할 만한 지식과 의지할 만한 가치의 생산자로서 과학이 자본 과잉의 시대에 민주주의를 지키는 역할을 할 수 있다고 본다. 물론 우리가 과학이나 공학에 대해 이런 희망을 품는 것은 일종의 '비판적 지지'가 될 것이다. 과학과 공학이 그동안 환경 파괴에 큰 역할을 했고, 전쟁의 공포를 먹고 성장했으며, 자본, 권력과 결탁하여 소수의 이익에 봉사했다는 비판은 아직 유효하다. 건강, 안전, 환경 문제를 다루면서 과학이 공익의 반대편에 섰던 사례들을 여전히 기록하고 지적해야 한다. 그럼에도 불구하고 우리는 '과학이 있는 민주주의', '민주주의가 있는 과학'을 함께 추구하면서 과학과 민주주의를 새롭게 구성하는 실험을 시도할 수 있다. 근대 과학과 민주주의는 둘 다 성공을 확신할 수 없는 실험이었다. 그럼에도 실패하고 좌절하면서 힘들게 여기까지 만들어왔고, 아직도 갈 길은 멀다.

2017년 5월 9일에 선출될 새 대통령과 그가 이끌 정부는 과학과 민주주의를 동시에 지키는 임무를 맡아야 한다. 대선을 앞두고 나온 각 정당 후보의 과학기술 분야 공약에는 멋진 신세계를 약속하는 장밋빛 말들이 가득하다. 그러나 과학과 기술로 만들겠다는 현란한 미래 세계가 깃털처럼 가볍게 흩어져버리지 않으려면, 과학을 민주주의에 더 단단하게 연결해야 한다. 단순하면서도 무거운 가치들을 다시 꺼내 살펴보고 다듬어야 한다. 새 정부의 과학정책에 과학과 민주주의의 관계를 숙고한 결과가 녹아들기를 기대한다. 노벨상과 4차 산업혁명은 현장의 연구자와 기업가에게 맡기고, 대통령과 정부는 과학이 더 나은 민주주의에 기여하고, 민주주의가 더 나은 과학을 낳을 수 있는 기틀을 마련해야 한다.

과학 없는 민주주의는 취약하고, 민주주의 없는 과학은 위험하다. '더 나은 과학'과 '더 나은 세상'은 분리할 수 없다. 둘 다 놓치기를 원하는 것이 아니라면, 둘을 동시에 얻기 위해 노력할 수밖에 없다. 우리는 그런 기로에 서 있다.

사람의 자리

과학기술의
헌법적 가치

"국가는 과학기술의 혁신과 정보 및 인력의 개발을 통하여 국민 경제의 발전에 노력하여야 한다." 현행 헌법의 경제 항목인 제9장 제127조 1항이다. 평범하고 익숙하게 들리는 이 문장을 지워버리자는 운동이 벌어지고 있다. '변화를 꿈꾸는 과학기술인 네트워크ESC'는 헌법에서 거의 유일하게 과학기술을 언급하고 있는 이 조항을 삭제하자고 주장한다. 문장을 고치는 정도가 아니라 없애자는 것이다. 무엇이 문제이기에?

과학기술이 국민경제의 발전에 이바지해왔고 앞으로도 그러리라는 현실을 부인하는 것은 아닐 테다. '경제개발 5개년 계획'에서 '창조경제'를 거쳐 '4차 산업혁명'에 이르기까지 과학기술은 경제와 이어진 끈을 통해 예산을 배정받고 가치를 인정받아왔다. ESC의 주장은 과학기술이 경제 분야를 다루는 헌법 제9장에 갇혀 있어서는 안 된다는 것이다. 경제 발전을 위한 도구로 국한되는 과학기술은 대한민국의 근간을 천명하는 헌법에 어울리지 않는다는 것이 개헌 논의에 나선 과학기술인들의 생각이다.

헌법에 어울리는 과학기술이란 무엇인가? 헌법 개정 논의를 통해 대한민국이라는 국가가 무엇인지를 다시 묻게 된 지금, 헌법 안에서 과학기술이 맡아야 할 자리는 어디인가? 경제 발전이 전부가 아니라면 과학기술은 또 무엇을 할 수 있고 무엇이 될 수 있는가? 모두 과학기술의 헌법적 가치를 묻는 말들이다.

과학이란 무엇인가? 과학은 단지 복잡한 이론과 수식의 집합이 아니다. 과학을 통해 우리는 무엇보다 인간의 존엄을 확인한다. 과학은 "한반도와 그 부속도서"(헌법 제3조)의 환경을 탐구하고, 그 안에 존재하는 생물과 무생물을 파악하고, 거기 살고 있는 사람들이 지구 또 우주와 맺고 있는 관계를 일깨워준다. 미세먼지에서 블랙홀에 이르기까지 우리를 둘러싼 모든 것을 더 잘 이해하고 그 지식을 나눔으로써 우리는 스스로 존엄한 존재가 된다. 또 대한민국을 구성하는 온갖 존재와 관계의 양상을 규명함으로써 과학은 이 땅에 있는 모두가 존중받아야 한다는 사실을 증명한다. 과학을 통해 우리는 모든 사람이 자유롭고, 평화롭고, 건강하게 살 권리를 가진 존재임을 몇 번이고 반복해서 확인한다.

그렇다면 기술은 또 무엇인가? 기술은 단지 신기한 제품과 서비스의 모음이 아니다. 기술을 통해 우리는 인간의 가치를 구현하고 인간의 조건을 향상한다. 기술은 한반도와 그 부속도서 어디서든 인간이 인간답게 살 수 있는 물질적인 토대를 만들어준다. 우리는 기술을 통해 인간을 이롭게 할 수 있음을, 특히 모든 인간을 널리 이롭게 할 수 있음을 믿는다. 이는 인간의 삶을 개선하는 기술의 혜택이 "성별, 종교, 인종, 언어, 출신 지역, 장애, 나이, 성적 지향, 학력, 사상, 정치적 의견, 사회적 신분"(국가인권위원회 헌법개정안)에 관계없이 골고루 돌아가야 하는 기본적인 권리라는 뜻이다. 상하수도에서 인공지능에 이르기까지 모든 기술을 합리적이고 공정하게 만들고 사용함으로써 대한민국을 모든 이에게 조금 더 살 만한 곳으로 만드는 것이다.

인간의 존엄을 확인하고 인간의 조건을 향상하는 과학기술, 헌법에 담을 만하고 헌법에 어울리는 과학기술은 더 보편적인 지향을 가진 인간적 행위로서 경제 발전의 수단에 그치지 않는다. 헌법에서 과학기술이 차지하는 자리를 재고하자는 주장은 단지 과학기술자들이 마음껏 연구할 수 있도록 충분히 지원해달라는 요구가 아니다. 한국 사회가 과학기술을 통해서 현재의 상태를 성찰하고 미래를 도모할 수 있으며, 과학기술도 한국 사회를 통해서 그 보편적인 가치를 확인하고 실현할 수 있음을 인정하자는 제안이다.

　"국가는 학술 활동과 기초연구를 장려할 의무가 있다." ESC가 제127조 1항을 삭제하면서 새로 집어넣자고 제시하는 조문에는 '과학기술'이라는 단어가 없다. 더욱 주목해야 할 것은 이 신설 조문을 '제9장 경제'가 아니라 '제1장 총강'에 두자는 제안이다. 헌법 총강은 "대한민국은 민주공화국이다"라든가 "대한민국의 주권은 국민에게 있고, 모든 권력은 국민으로부터 나온다" 같은 기본 중의 기본이 되는 선언을 적어놓은 곳이다. 그러므로 이 제안은 과학기술의 기본을 되찾고 그 헌법적 의의를 다시 생각하자는 뜻이다. 지금까지 과학기술이 국민경제를 '발전'시키는 '수단'이었다면, 이제는 과학기술을 민주공화국을 '구성'하는 '원리'로 삼자는 것이다.

4차 산업혁명과
민주주의

영국의 작가 조지 오웰은 1946년에 발표한 에세이 「정치와 영어」에서 남용되기 쉬운 정치적 단어들의 특성을 지적했다.

　'민주주의', '사회주의', '자유', '애국적인', '현실적인', '정의' 같은 단어는 각각 서로 화해할 수 없는 다른 뜻을 여러 개씩 가지고 있는 경우다. '민주주의'라는 단어의 경우, 합의된 정의란 게 없을 뿐만 아니라, 그런 정의를 만들어내려는 시도를 하면 사방팔방에서 저항을 받게 된다. 어떤 나라를 민주적이라고 하면 거의 예외 없이 그 나라를 칭찬한다는 느낌이 든다. 때문에 어떤 체제의 옹

호자들이든 그 체제는 민주주의라는 주장을 하며, 만일 그게 어느 하나의 뜻으로 굳어져버린다면 그 단어를 그만 써야 하는 것 아닌가 하고 걱정하게 되는 것이다. 이런 유형의 단어들은 의식적으로 부정직하게 사용되는 경우가 많다. 달리 말해 사용하는 사람이 생각하는 나름의 정의는 있지만, 듣는 사람이 그와는 다른 무언가로 생각하더라도 묵인하는 것이다."*

오웰은 정치적인 글을 읽고 쓸 때 이런 "무의미한 단어"를 경계하라고 했지만, 이 말들은 여전히 정치인과 대중의 사랑을 받고 있다.

적어도 한국에서 '4차 산업혁명'은 이런 거창한 단어들의 반열에 오른 것으로 보인다. 2016년 이래 '4차 산업혁명'은 마치 '민주주의'처럼 누구나 쓰고 싶은 말인 동시에 누구나 그 한복판에 서고 싶어하는 현상이 되었다. 모든 매체, 모든 기관, 모든 학계에서 4차 산업혁명에 대해서 한마디씩 보탠 덕분에 이제 우리는 그 말이 무슨 뜻인지를 명확하게 정

---

*   조지 오웰 지음, 이한중 옮김, 『나는 왜 쓰는가 - 조지 오웰 에세이』, 한겨레출판, 2010

사람의 자리

의하지 않고서도 편하게 사용할 수 있는 단계에 이르렀다. 명확하지 않기 때문에 오히려 더 널리 쓰일 수 있다. 각자 다른 의도를 가지고서 다른 뜻으로 말하고 있음을 알면서도, 즉 이에 대한 엄밀한 논의가 불가능함을 알면서도 모두가 '4차 산업혁명'이라는 말을 쓰기를 멈추지 않는 것은 이제 이 단어가 정치의 언어, 정치인의 언어가 되었다는 징표다. 곰곰이 따지고 들면 허점이 있겠지만 굳이 따지고 들 필요가 없는 말, 사용해서 손해 볼 일이 없고 들어서 크게 기분 나쁠 일이 없는 말, 쓰지 않으면 왠지 시대에 뒤떨어지는 느낌이 드는 말이다.

그렇다면 4차 산업혁명과 민주주의, 현재 한국 사회에서 가장 뜨거운 이 두 가지 말의 관계는 무엇인가? 오래되어 닳고 잊혔다가 2016년 다시 소환되어 우리를 각성시켰던 '민주주의'라는 말과 2016년 스위스 다보스에서 출발하여 돌아다니다가 벼락처럼 한국에 떨어진 '4차 산업혁명'이라는 말은 어떻게 연결되어 있는가? 선명하게 정의되지 않은 채로 있으면서도 사람을 바꾸고, 제도를 바꾸고, 시스템을 바꾸는 힘을 발휘하는 이 두 말은 서로에게 어떤 영향을 미치는가? 한국은 민주주의 혁명과 산업혁명, 구체적으로는 촛불혁명과 4차 산업혁명에 대한 토론이 동시에 벌어지는 곳이다. 두 혁명이 모두 진행 중이라고 믿는 사람, 하나는 이미 완수되었고 다른 하나는 곧 다가온다고 믿는 사람, 하나를 격렬히 환영하면서 다른 하나를 격렬히 반대하는 사람 등 다양한 입장이 공존하고 있다. 촛불혁명은 4차 산업혁명을 위한 예비 단계인가? 아니면 4차 산업혁명은 촛불혁명이 지향하는 더 깊은 민주주의로 가기 위한 물적 토대가 될 것인가? 4차 산업혁명과 촛불혁명이 지향하는 가치들이 포개지거나 어긋나는 지점을 짚어볼 필요가 있다.

4차 산업혁명의 바다

4차 산업혁명과 민주주의를 동시에 말할 자격을 갖춘 사람 중 한 명은 문재인 대통령일 것이다. 4차 산업혁명에 대한 문 대통령의 말은 거침이 없다. "4차 산업혁명은 이미 시작됐습니다. 세계 각국은 이미 4차 산업혁명의 바다를 향해 속속 출항하고 있습니다. 새로운 산업혁명의 뱃길에서 신성장동력, 미래 먹거리와 일거리를 선점하기 위한 국가 간 혁신전쟁, 인재전쟁, 교육전쟁이 치열하게 벌어지고 있습니다." 아직 많은 사람이 4차 산업혁명이 무엇인지, 언제쯤 변화가

사람의 자리

시작될 것인지 다투는 와중에 문 대통령은 혁명이 이미 시작되었다고 선언했다. 게다가 혁명은 곧 전쟁으로 발전했다. 이 치열한 전쟁의 바다에서 한국은 지난 수년 동안 정체되어 있었다는 것이 문 대통령의 인식이다. 그래서 그는 바다로 나가자고 강하게 촉구한다. "다시 뛰어야 합니다. 4차 산업혁명의 대항해시대가 우리 없이 열리게 두어서는 안 됩니다. 대한민국은 식민지와 전쟁의 참화를 딛고 민주화와 경제성장을 함께 이뤄낸 유일한 나라입니다. 우리는 다시 뛸 수 있습니다. 우리에겐 4차 산업혁명을 이끌 저력이 있습니다." 촛불혁명의 힘을 배후에 둔 문 대통령은 4차 산업혁명과 촛불혁명을 긴밀히 연결하고 싶어한다.

　　문재인 대통령은 4차 산업혁명과 민주주의의 관계를 명확히 제시했다. 4차 산업혁명이 성공하여 그 결실을 제대로 맺기 위한 장치로서 필요한 것이 민주주의라는 생각이다. "과학기술의 발달만으로는 국가나 대기업은 성장할 수 있을지 모르지만, 국민과 중소기업이 고루 잘 살고 성장하기는 어렵습니다. 과학기술의 발달이 가져온 편리와 이익이 국민 모두에게 고루 분배되기 위한 사회정치적 기술이 중요합니다. 우리는 그 기술을 '민주주의'라고 부릅니다." 여기서 민주주의는 '사회정치적 기술'이 되어 과학기술을 돕고 보완하는 역할을 한다. 4차 산업혁명에 필요한 것은 이 두 가지 기술의 결합이다. "4차 산업혁명은 민주주의와 기술적 진보가 동시에 성숙해야만 성공할 수 있습니다." 이렇게 해서 4차 산업혁명은 촛불혁명을 통해 등장한 문재인 정부의 핵심 과제로 자리를 잡고, 문 대통령은 4차 산업혁명을 자신의 정치 언어 속으로 온전히 받아들였다. "우리가 함께 혁신성장과 공정사회를 향해 흔들림 없이 나아간다면 21세기 세계는 대한민국을 촛불혁명과 4차 산업혁명에 모두 성공한 나라로 기억하게 될 것입니다."

지금까지 인용한 문재인 대통령의 4차 산업혁명, 촛불혁명, 민주주의에 대한 발언은 출처가 모두 같다. 얼마 전 차관급인 과학기술혁신본부장에 임명되었다가 며칠 만에 사퇴한 박기영 교수의 저서 『제4차 산업혁명과 과학기술 경쟁력』 앞머리를 장식한 문재인 대통령의 추천사다. 정확히 말하자면 더불어민주당 대통령 후보 신분으로 쓴 추천사다. 2017년 4월 25일에 인쇄를 해서 선거 다음 날이자 문 대통령이 임기를 시작한 날인 5월 10일에 발행한 사실로 보아 이 책은 대통령 문재인과 그의 정부를 위한 과학기술과 4차 산업혁명 정책 제안을 담은 것으로 해석할 수 있다. 4차 산업혁명이 대한민국의 정치 일정 속에 전략적으로 배치되었다는 사실을 보여준다. 문재인 후보의 추천사는 자신의 당선과 책의 발행을 동시에 기념하고 둘의 앞날을 함께 축복하고 있었다. "미래를 가장 정확하게 예측하는 방법은 우리가 그 미래를 만드는 것입니다. 『제4차 산업혁명과 과학기술 경쟁력』의 출간이 대한민국호의 출항을 알리는 힘찬 뱃고동 소리가 될 것이라 믿습니다. 이 책을 통해 함께 미래를 만듭시다."*

저자인 박기영 교수도 당연히 책의 서장에서 4차 산업혁명을 촛불과 민주화에 연결했다. "제4차 산업혁명 시대를 맞이하여 진정으로 필요한 것은 산업 시대의 몰아주기 패러다임에서 벗어나 분권과 분산을 위한 개혁과 공유와 공존의 패러다임을 채택하는 과학기술 민주화다. 촛불을 밝혔던 한국인의 현명한 지혜로 제4차 산업혁명 시대가 가져올 위기를 극복하고 과학기술로 새로운 발전의 원동력을 더불어 만드는 방안을 이제 논의해야 한다." 여기서 4차 산업혁명은 '과학기술 민주화'라는 정책 기조를 정당화하는 시대적 배경으로 사용되고 있다. 또 저자는 촛불혁명이 4차 산업혁명의

---

* 박기영, 『제4차 산업혁명과 과학기술 경쟁력 – 한국의 위기 극복과 포용적 혁신성장을 위하여』, 한울, 2017

과제를 성취하기 위해 필요한 시민적 덕성을 입증해준 것으로 생각한다. 책의 마지막 장에서 저자는 4차 산업혁명과 민주주의의 관계를 다시 한번 정리한다. 문재인 정부의 공식 입장으로 발전될 수도 있었던 관점이다. "과학기술의 공공성을 제대로 찾아나가고 실현하는 것이 바로 과학기술의 민주화이며 경제 민주화의 첫걸음이다. 약자도 경쟁력을 가질 수 있게 해주고 행복하게 해주는 공공적 수단으로서의 과학기술의 역할을 정립하는 것이 필요하다. 인간을 더욱 평등하고 행복하게 만드는 제4차 산업혁명의 과학기술시대를 기대해본다."

그러나 4차 산업혁명과 민주주의를 연결하는 대담한 계획은 곧 흔들리기 시작했다. 촛불을 들고 성명을 발표하며 새로운 정부의 탄생을 기다렸던 과학기술 및 보건의료 분야 전문가와 시민 들이 박기영 교수의 과학기술혁신본부장 임명에 반대하고 나선 것이다. 건강과대안, 녹색연합, 보건의료단체연합, 서울생명윤리포럼, 시민과학센터, 참여연대, 한국생명윤리학회, 환경운동연합, 환경정의 등의 단체는 공동으로 성명을 발표하여 "황우석 사건의 핵심이자 배후"였던 박기영 교수가 이에 대해 사과하거나 책임을 지지 않았음을 지적하고, 그가 이끄는 과학기술정책이 촛불시민의 신뢰를 얻지 못할 것이라고 주장했다.* '변화를 꿈꾸는 과학기술인 네트워크'(ESC)도 성명을 내어 황우석 사건 때의 과오를 상기시키는 한편 새 정권의 출범에 맞춰 4차 산업혁명에 관한 저서를 내는 저의도 비판했다.** 즉, 황우석 사건의 교훈을 잊지 않았고, 촛불혁명에 적극 참여했으며, 더구나 4차 산업 혁명의 일꾼으로 호출당하고 있는 과학기술인, 보건의료인 이 문재인 정부의 '4차 산업혁명+민주주의' 의제 설정을 문제 삼은 것이다.

이런 비판의 핵심이 박기영 교수라는 개인의 공직 진출을 막는 것에 있지 않았다는 점이 중요하다. 이들의 문제제기에는 문재인 정부가 앞세우는 4차 산업혁명이 황우석 사건, 녹색성장, 창조경제 등 과학기술을 국위선양이나 경제성장의 목표에 종속시켰던 역사의 반복이 아니냐는 합당한 의심이 깔려 있다. 4차 산업혁명 담론을 성찰 없이 수용하고

---

*   2017년 8월 8일에 발표된 이 공동성명서는 http://www.chsc.or.kr/?post _type=column&p=89892에서 볼 수 있다.

**   2017년 8월 10일에 최종 발표된 ESC의 성명서는 http://www.esckorea. org/board/notice/463에서 볼 수 있다.

강력하게 추진하는 과정이 과연 새 정부가 중요하게 여기는 민주적 절차, 사회적 토론, 사람 중심의 정책 기조에 맞느냐는 것이다. 박기영 교수가 사퇴한 후 여러 단체가 발표한 공동 논평의 한 대목이 바로 그런 문제의식을 잘 보여주고 있다.

황우석 박사가 전 세계를 상대로 사기 행각을 벌일 수 있었던 배경에는 정부–학계–정치권–언론 동맹이 있었고, 그 근간에는 개발독재 시대의 낡은 과학기술정책이 자리하고 있다. 개발독재 당시 과학기술 활동은 국가목표인 경제성장의 도구였으며, 이러한 목표를 달성하기 위해서는 과학기술자의 사회적 책임이나 연구 절차에 대한 고려는 부차적인 것이었다. 여기서 파생된 강력한 생명공학 육성정책은 생명윤리와 위험, 연구 절차에 대한 다양한 쟁점들을 경제성장의 장애물로 인식하게 했으며, 논란이 되는 쟁점을 점검하고 사회적으로 토론해 대책을 마련할 기회를 봉쇄했다. 당시 황우석 박사는 정부에게는 정책의 정당성을 더욱 강화시킬 근사한 선물이었지만, 한국 사회 전체에 큰 혼란을 안겨주었다. 우리는 이러한 정책기조가 문재인 정부에서 '4차 산업혁명 육성'이라는 이름아래 반복될까 우려스럽다.*

과학기술혁신본부장 임명 소동을 통해 아무리 4차 산업혁명 시대라고 해도 민주주의 사회의 과학기술은 국가, 성장, 전쟁 같은 말보다는 신뢰, 정당성, 책임 같은 말과 더 가깝게 어울려야 한다는 믿음을 되새기게 된다.

4차 산업혁명과 정치

물론 4차 산업혁명과 민주주의의 관계를 누가 정부 고위직을 맡느냐의 문제로 모두 환원할 수는 없다. 다음 과학기술혁신본부장으로 누가 임명되든, 또 곧 시작될 4차산업혁명위원회에 누가 참여하든, 4차 산업혁명이 민주주의 사회에 미칠 영향에 대한 토론은 계속되어야 한다. 그러기 위해서는 정치인의 거창한 말들을 걷어내고 4차 산업혁명의 이름으로 진행되는 기술과 사회의 변화를 구체적으로 살펴야 한다. "4차 산업혁명의 대항해시대" 혹은 "인간을 더욱 평등하고 행복하게 만드는 제4차 산업혁명의 과학기술시대"라는 선

---

* 　건강과대안, 보건의료단체연합, 시민과학센터, 참여연대, 환경운동연합 공동 논평 (2017년 8월 14일). http://www.peoplepower21.org/Solidarity/1521616

언은 듣는 사람의 마음을 잠시 벅차게 할 수도 있겠지만 거기에서 깊은 의미를 읽어내기는 어렵다. 정치적 구호를 잠시 내려놓고 우리는 4차 산업혁명의 핵심이라고 제시되는 몇몇 기술에서 어떤 경향을 파악하고 그것을 민주주의 사회의 가치와 결부시켜 검토해볼 수 있다. 4차 산업혁명의 기술들은 민주주의에 어떤 함의를 주는가?

　　4차 산업혁명의 지지자들이 '3차 산업혁명'이라고 부르는 정보혁명 또는 컴퓨터혁명 시기에는 꽤 많은 정치적 전망이 나왔다. 정보혁명에서 중요한 역할을 한 MIT의 컴퓨터 과학자 J. C. R. 릭라이더는 1970년대에 컴퓨터의 발전을 시민의 정치 참여와 연결시켰다. "대중이 컴퓨터의 힘을 이용할 수 있게 되는 것은 정부가 행하는 여러 가지 일들에 대해 시민들이 정보를 얻고, 흥미를 가지고, 참여하는 미래를 이루는 데 필수적이다." 그는 또 "정보혁명은 정치 참여의 시대를 향한 문을 열 수 있는 열쇠를 제공할 수 있다. 그 열쇠는 바로 좋은 네트워크 관리체계와 좋은 네트워크를 거쳐 좋은 컴퓨터에 이르는, 진정으로 효과적인 정보의 상호작용과 같이 일어나게 될 자발적인 참여의지다"라고 했다. 한마디로 "정치의 과정은 거대한 원격회의가 될 것"이라는 전망이었다. 기술철학자 랭던 위너는 릭라이더의 말을 인용하면서 여기에 담겨 있는 순진한 열정을 비판했다. 제도와 조직을 개혁하는 어려운 과정 없이 새로운 기술의 도입만으로 민주주의가 획기적으로 진전되리라는 기술중심적 사고, 일종의 "정보신화mythinformation"를 탈피해야 한다는 지적이었다. 위너는 정보혁명의 신봉자들이 제시하는 민주주의의 장밋빛 미래를 '기계의 민주주의'라고 불렀다. 인간 사회의 각종 모순과 갈등이 정보처리 기계를 빠르고 복잡하게 연결하는 것만으로 해결될 수 있으리라는 믿음이 결국 인간이 빠진 기계들의 민주주의로 이어진다는 것이었다.*

4차 산업혁명이 민주주의에 미치는 영향에 대한 논의는 몇십 년 전 컴퓨터혁명기의 논의에서 본질적으로 더 나아간 부분이 없다. 컴퓨터 네트워크에 더 쉽게, 더 빠르게 연결할 수 있으면 새로운 정치 실험을 할 수 있고, 결국 정치가 좋아지리라는 단순한 기대가 반복되고 있다. 요즘에는 이런 연결을 '초연결'이라고 힘주어 부르는 정도가 변화라면 변화다. 실은 이런 식의 과장된 정치적 전망마저도 충분하게 나오지 않고 있다. 4차 산업혁명의 기술들은 대체로 민주주의

---

*   랭던 위너 지음, 손화철 옮김, 『길을 묻는 테크놀로지 – 첨단 기술 시대의 한계를 찾아서』, 씨아이알, 2010

살 만한 곳을 위한 과학과 정치

에 무관심하다. 이것은 4차 산업혁명이라는 개념에 실체가 없다는 것과는 조금 다른 지적이다. 4차 산업혁명의 구체적인 내용이 무엇이든 그것이 민주주의 사회의 건설에 어떤 역할을 할 것인지를 깊게 논의하지 않는다는 뜻이다. 다른 말로 하면, 4차 산업혁명은 비정치적 혁명이 되고자 한다. 혁명의 주창자들은 이 혁명이 얼마나 급격한 것인지, 혁명의 핵심 기술이 무엇인지 끊임없이 설파하면서도, 이 혁명이 어떤 정치체제, 어떤 민주주의 사회로 이어질 것인지에 대해서는 길게 토론하지 않는다. 사실 박근혜 정부와 문재인 정부 모두가 4차 산업혁명을 환영하도록 만든 요인이 바로 이 비정치성에 있다고 할 수 있다.

인공지능 민주주의?

혁명이 정치와 민주주의를 어떻게 바꿀지 직접 말하기를 꺼리는 4차 산업혁명의 지지자들은 기술 발전의 명령을 충실히 따름으로써 모종의 정치적 전망을 무의식적으로 표출한다. 지능을 갖춘 기계, 자율적인 기계에 대한 열광이 그런 사례 중 하나다. 2016년 3월의 이세돌-알파고 대국 이후 폭발적으로 증가한 인공지능에 대한 관심은 스스로 생각하고 판단하는 똑똑한 기계, '초지능'을 갖춘 기계가 사람이 하는 일의 대부분을 떠맡게 되리라는 기대 혹은 두려움으로 이어졌다. 그중에서도 특히 생각하고 판단하는 인간적 능력을 발휘해온 영역에서도 이제 기계가 사람보다 더 나은 능력을 보일 것이라는 예측이 퍼졌다. 무슨 꿍꿍이로 어떤 판단을 내릴지 신뢰할 수 없는 사람 대신에 정보 처리력은 월등하면서 이해관계도 없고 편견도 없는 인공지능이 검사도 하고, 판사도 하고, 국회의원도 하고, 심지어는 대통령도 맡는 것이 차라리 낫지 않겠느냐는 말도 심심치 않게 들을 수 있다. 이름 붙이자면 이것은 '인공지능 민주주의'다. 모든 정보를 입력하고 모든 조건을 알려주면 우리를 대신하여 가장 좋은 결정을 내려주는 기계에 대한 기대는 물론 현실 정치에 대한 깊은 불신의 반영이다. 그러나 지능을 갖춘 자율적 기계의 민주주의는 결국 인간이 없는 민주주의에 불과하다. 위너가 "기계의 민주주의"라고 부른 것의 4차 산업혁명 버전이라고 할 수 있는 '인공지능 민주주의'는 현실 정치의 개혁을 포기하고 오히려 그것을 무력화하려는 시도에 가깝다. 빠르고 정확한 기계들의 '인공지능 민주주의'는 지루한 토론을 통해 편견과 오류를 수정해가며 하나씩 새로운 합의를 만들어가는 민주주의를 낡고 답답한 것으로 치부해버린다.

　4차 산업혁명의 주창자, 지지자, 논평가들이 계속해서 유통시키는 '대체代替' 담론에도 정치적인 함의가 있다. 로봇은 내가 하는 일을 대체하고, 궁극적으로는 나를 대체할 것인가? 이것이 로봇과 인공지능이라는 4차 산업혁명 대표 기술에 대해 가장 많이 제기되는 질문이다. '대체' 담론은 노동자의 불안을 자극하여 끊임없이 자신을 닦달하고 변화시키도록 만든다. 또 직업군별로 로봇에 의해 대체될 확률을 숫자로 제시하여 옴짝달싹 못하게 한다. 4차 산업혁명의 주창자들에 따르면 인간은 기계보다 무능하므로 대체는 필연적이다. 어떤 일이든 인간 없이 할 수 있다면 그렇게 하는 것이 당연하다. 인간은 심지어 위험하다. 피로를 느끼고 실수를 하기 때문이다. 안전을 위해서라도 인간이 빠지고 그 자리를 기계가 대신하는 편이 낫다. 이런 논리가 마트 계산원에서 지하철 정비기사, 자동차 운전기사에까지 모두 적용될 것이다. 물론 인간-로봇의 협업 과정을 실제로 연구하는 학자들은 로봇이 인간의 일을, 혹은 인간을 일대일로 대체하는 것이 아니라고 지적하고 있다. 그러나 이런 목소리는 소수이고 오늘도 인간은 '대체'의 위협을 당연하게 받아들인다. 대체를 운명처럼 예감하는 인간은 정치적으로도 불안정한 주체이며 독자적인 발언권과 결정권을 상실한다. 이런 과정 속에서 인간은 점차 기술비평가 임태훈이 말하는 "부스러기 노동"으로 내몰린다.*

4차 산업혁명의 주요 기술에서 보이는 연결, 지능, 자율, 대체 등의 키워드가 가리키는 종결점은 인간의 직접 판단과 행동이 필요하지 않은 상태, 혹은 인간의 직접 판단과 행동이 바람직하지 않은 상태다. 얼굴을 맞댄 사람 사이의 의견 교환보다는 네트워크를 통한 접속을 선호하고, 잘 훈련된 사람의 판단보다는 순간적인 기계의 계산에 의지하고, 실수할 수 있는 사람끼리의 협업보다는 오류가 없을 것이라 굳게 믿는 기계의 자동 작업을 추구하는 것이 4차 산업혁명의 세계다. 4차 산업혁명의 지지자들에게 이는 낡고 비효율적인 민주주의를 업그레이드 할 수 있는 기회처럼 보일 것이다. 하지만 다른 사람들은 이것을 민주주의에 대한 위협으로 느낄 수도 있다.

4차 산업혁명이 극도의 효율을 추구하는 혁명이라면, 촛불혁명은 극도의 비효율을 감수하는 혁명이었다. 민주주

---

*   이영준·임태훈·홍성욱, 『시민을 위한 테크놀로지 가이드 − 더 나은 미래로 향하는 기술비평』, 반비, 2017

의는 하나를 결정하고 한걸음을 내딛기 위해 엄청난 시간과 노력을 소모하는 비효율적인 체제다. 촛불혁명을 일으킨 시민들은 집에서 스마트폰으로 "이게 나라냐"라는 메시지를 소셜네트워크에 올리는 데에 만족하지 못하고, 지하철과 버스를 갈아타고 광장에 모여 걷기를 선택했다. 얼굴을 맞대고 얘기해야만 표현할 수 있는 의견이 있고, 나란히 서서 걸어야만 성취할 수 있는 가치가 있다는 사실을, 촛불혁명은 일깨워주었다. 초연결과 초지능의 4차 산업혁명 시대에 이것은 비효율적이고, 부정확하고, 어쩌면 불필요한 행위일 것이다. 4차 산업혁명은 민주주의의 비효율을 계속 두고 볼 수 있을까? 민주주의는 4차 산업혁명의 닦달을 잘 견뎌낼 수 있을까?

어떤 혁명을
권고할 것인가

2019년 10월 마지막 주, 어떤 혁명에 대한 권고를 읽었다. 대통령 직속 4차산업혁명위원회가 발간한 『4차 산업혁명 대정부 권고안』이다. 칭송을 받든 비판을 받든, 국가 위원회가 내어놓은 주요 문서가 꼼꼼한 독해와 토론의 대상이 되는 것이 바람직하다는 생각으로 권고안 파일을 내려받았다.

　　장병규 위원장은 발간사에서 "변화는 항상 괴롭고 힘듭니다. 하지만 우리가 변화하지 않는다면 결국 변화를 강요당하게 됩니다"라고 말했다. 그러나 권고안 자체가 국민에게 변화를 강요하고 있는 것처럼 느껴졌다. 변화의 속력과 방향에 대한 문제제기는 불필요한 '저항'으로 여겨진다. 대세를 따르지 않으면 죽는다는 분위기는 맺음말까지 계속 이어 졌다. "우리는 이미 4차 산업혁명이라는 변혁의 시대에 살고 있고, 새롭게 거듭나지 않으면 글로벌 경쟁에서 도태될 수밖 에 없다. 4차 산업혁명 대응은 선택의 문제가 아니라 생존의 문제이다." 이 혁명의 가장 큰 동력은 불안과 두려움인 것처 럼 보인다.

　　권고문은 중국 칭화대 국정연구원장 후안강의 글을 인 용하는 것으로 시작한다. 4차 산업혁명을 맞이하는 비장한 마음을 표현한 문구다. "중국은 지난 200여 년의 세계 산업 화, 현대화의 역사 속에서 3차례의 산업혁명 기회를 놓쳤 다. 3차례에 걸친 산업혁명의 역사에서 중국은 변경국, 낙오 국, 낙후국이었고…." 후안강이 "중국 지도부의 입맛에 맞는 국가발전 전략을 제시하는 대표적인 관변학자"(『연합뉴스』 2018년 8월)라는 평가를 받는다는 걸 고려하면 의외의 선택 이다. 한국은 중국의 전철을 밟지 말고 이번 기회에 앞서 나 가야 한다는 의지는 맺음말에 재차 드러난다. "퍼스트 무버 가 될 수 있는 처음이자 마지막 문이 점점 닫히고 있다. 고작 수 년이 남았다. 지난 200여 년 우리가 어쩔 수 없이 바뀌어 야 했다면, 이제는 스스로 바꿀 시기이다." 1990년대 한국에 서 유행했던 "산업화는 늦었지만 정보화는 앞서가자"라는 구호도 떠오른다. 혁명은 늘 다급하다.

『4차 산업혁명 대정부 권고안』의 큰 장점은 그 입장의 선명함이다. 공적으로 제시된 선명한 입장은 토론을 유발한다. 위원회는 국민의 요구를 이렇게 해석한다. "지금 국민들이 원하는 것은 명확하다. 양질의 일자리 창출을 통해 나와 내 자식 세대가 더 나은 삶을 살기를 원하는 것이다. 서로 조금씩 양보해서 고통을 분담하자는 것이 아니다." 4차 산업혁명의 철학은 '고통 분담'이 아니라 '성장'이며, 성장에 따르는 고통은 마땅히 감수해야 한다는 입장이다. 이에 대한 황선자 위원의 외로운 반론은 세 개의 각주로만 남았다.

이런 점에서 4차 산업혁명은 그 이전의 산업혁명과 질적으로 별로 다르지 않다. 과거 산업혁명을 뒷받침했던 인간과 지구의 일방적 관계에 대한 인식은 21세기 기후위기의 현실 앞에서 이미 무너졌지만, 4차 산업혁명의 '성장' 담론은 과거의 그 지구를 여전히 붙들고 있다. 지구를 인류 문명의 성장을 위한 자원의 무한 제공처로만 생각하는 것이다. 대한민국 산업을 융성하게 만들겠다는 의지에 눌려, 파국의 위기에 처한 지구에서 어떻게 살아갈 것인지에 대한 권고는 어디에서도 나오지 못하고 있다.

성장과 번영에 대한 열망은 산업혁명의 현장에서 쓰러

져가는 사람의 절망 또한 압도한다. 4차산업혁명위원회가 '인재'라고 부르기로 결정한 4차 산업혁명 시대의 '노동자', 특히 배달 오토바이를 타다가 죽는 플랫폼 노동자, 기계에 끼여서 죽는 제조업 노동자는 혁명의 주요 의제가 되지 못했다. 권고안에 쓰인 10여 장의 사진 중 산업혁명 현장의 실제 모습을 담은 것은 하나도 없었다. 모델을 써서 평화로운 삶의 장면을 연출했거나 첨단기술 미래를 상상한 이미지가 전부다. 혁명의 현장에서 일하는 사람을 배제하는 것, 이 또한 4차 산업혁명이 과거의 혁명을 빼닮은 점이다.

이런 식의 불평에 대한 손쉽고 강력한 반론은 4차산업혁명위원회는 기후위기위원회나 노동안전위원회가 아니라는 것이다. 이 자리에서는 산업혁명이라는 과업에 집중하고, 부작용과 희생은 별도로 논의하자는 것이다. 그러나 정말로 4차 산업혁명이 기후위기나 지구의 운명과도 관련이 없고, 일하는 사람이 죽고 다치는 문제와도 관련이 없는 것이라면, 우리는 이 혁명의 열풍이 조속히 사그라들고 무엇이라고 불러야 할지 알 수 없는 그 어떤 것이 새로이 도래하기를 기다려야 할지도 모르겠다.

'가짜뉴스'의
진짜 위험

이른바 '가짜뉴스'의 정의를 놓고 의견이 분분하다. 정부와 국회가 규제하고 처벌하고 싶어 하는 '가짜뉴스'의 '가짜'는 무슨 뜻인가. '가짜'는 '거짓'과 같은 말인가. '가짜'는 그에 대응하는 말인 '진짜'와 어떤 관계를 맺고 있는가. 또 '가짜'를 골라내고 나면 우리는 '진짜'를 얻을 수 있는가.

　『고려대 한국어대사전』은 '가짜'라는 단어를 세 가지 뜻으로 나누어 정의한다. 가장 먼저 나오는 기본 의미는 "진짜처럼 보이려고 꾸미거나 만들어 낸 것, 또는 진짜와 비슷하게 닮은 것"이다. 원본을 흉내 낸 가짜 그림이나 원본처럼 보이려고 조작한 가짜 문서 등이 이런 정의에 들어맞는 예다.

이때 가짜는 진짜가 아니면서도 진짜에 극도로 가까울 가능성을 담고 있다. 둘째 정의는 "사실이나 진실이 아닌 거짓이나 속임수"이다. 소문이나 광고가 거짓 정보를 담고 있을 때 붙일 수 있는 말이다. 이때 '가짜'의 반대말은 '진짜'보다는 '진실'이다. 이것이 요즘 정치권에서 골라내어 처벌하려는 가짜뉴스에 대한 인식에 가까울 것이다.

조금 더 눈여겨봐야 할 것은 '가짜'의 셋째 정의인 "진짜답지 못한 것, 또는 원래의 본질에서 멀어진 것"이다. 이 항목에 등장하는 예문들이 예사롭지 않다. "그것은 국민을 현혹시키는 가짜 민주주의다." "진실을 외면한 채 곡학아세하는 가짜 학자들이 사라져야 이 땅의 학문이 바로 선다." "가짜가 아닌 진짜 정치인이 많아져야 우리의 정치 문화가 발전할 수 있다." 이때 가짜는 겉으로 드러나는 바를 통해 진짜와 비교되는 것이 아니라, 진짜라면 마땅히 갖추고 있어야 할 덕목과 절차와 의의를 지녔는지 심판받는다. 만약 '가짜뉴스'의 '가짜'를 이런 뜻으로 해석한다면 '가짜뉴스'는 뉴스의 어떤 본질을 배반하고 있을까.

우리는 뉴스가 한 사회를 유지하고 개선하기 위해 알아야 할 가치가 있는 사실을 발굴하고 검증하고 확산해줄 것을 기대한다. 일종의 믿고 쓰는 공공재로서 여론의 형성과 사회

사람의 자리

적 의사결정의 합리적 토대가 되어주기를 바라는 것이다. 이런 점에서 뉴스는 과학과 닮았다. 뉴스와 과학은 모두 알 만한 가치가 있는 사실을 추구하고, 그것을 얻기 위해 비교적 잘 확립된 절차를 밟는다. 그래서 뉴스와 과학 모두 시간과 노력과 돈이 많이 든다. 하지만 정치인과 관료를 포함해서 대부분의 사람은 최종 결과물을 놓고 다툴 뿐 사실을 생산하는 과정에는 별로 관심이 없다.

　제대로 된 뉴스와 과학이 비용이 많이 들고 어려운 것은 둘 다 대규모의 '팩트 체크' 활동이기 때문이다. 기자나 과학자가 새로운 무언가를 한번 발견했다고 해서 그것이 곧바로 사실로 인정받는 경우는 없다. 이미 알려진 사실에 비추어 검증해야 하고, 여러 전문가가 그 절차와 결과의 정당성을 인정해야 한다. 인용과 데이터가 조작된 것은 아닌지, 어떤 결론이 우연히 또는 실수로 도출되었을 가능성은 없는지 확인해야 한다. 제대로 된 뉴스와 과학의 힘은 지루한 팩트 체크의 과정에서 나온다.

　'가짜뉴스'의 진짜 위험은 거기 담긴 정보가 거짓이라는 점이 아니라, 클릭 몇 번으로 값싸게 조합해낸 정보와 대규모 팩트 체크를 통해 확립해낸 사실을 마치 동등하게 비교할 수 있는 대상처럼 여기게 만든다는 데 있다. '가짜뉴스'와

'진짜뉴스'를 구별하는 능력은 그 정보의 진위를 가리는 거짓말탐지기 같은 것이 아니라 그 사실을 확립하기 위해 어떤 원칙과 절차와 노력이 필요했을지 알아보는 눈 같은 것이다. 미국에서 수십 년 동안 사용된 거짓말탐지기가 공적 영역에서 거짓말을 줄이는 데 이바지한 바가 거의 없음을 생각하면, '가짜뉴스'를 적발하고 처벌함으로써 한 사회가 얻을 수 있는 공익은 크지 않을 것이다.

　'가짜뉴스'가 어떤 위기의 징조라면 그것은 특정 정치 세력의 위기가 아니라 언론, 과학, 사법부 등 민주주의 사회에서 사실을 생산하고, 검증하고, 공표하는 임무를 부여받은 각종 제도의 총체적 위기일 것이다. 엄중한 사실을 만들어내야 할 기관들이 사람을 잃고, 예산을 잃고, 신뢰를 잃고 있을 때 그 틈을 비집고 나온 가짜는 얼마든지 진짜처럼 보일 수 있다. 뉴스든 과학이든 힘들게 얻어낸 사실에 대한 존중, 그 과정에 대한 충분한 투자, 그 공적 가치에 대한 인정만이 가짜를 밀어내고 진짜를 키울 수 있다.

오만이든 이백만이든

2019년 9월 28일 서울 서초동에서 열린 검찰개혁 촉구 집회에 참가한 사람이 200만 명이라는 주장과 5만 명이라는 주장이 나왔다. 집회를 지지하는 쪽과 비난하는 쪽이 제시하는 숫자가 4배가 아니라 40배 차이가 난 것이다. 극도로 분열된 숫자를 놓고 과학자들이 다시 나서야 할까? 우리는 검찰개혁을 외치며 거리로 나온 사람의 수를 정확하게 알 수 있을까? 아니, 그 숫자를 꼭 알아내야만 할까?

집회에 나온 군중의 수는 흥미로운 대상이다. 과학적인 방법으로 측정해서 계산하고 싶은 숫자이면서도, 진짜로 정확히 알아내기는 불가능한 대상이다. 티켓을 끊고 들어가는 공연장의 청중과는 성격이 다르다. 공연장 청중은 일일이 세는 것이 가능하지만, 집회 군중은 그렇지 않다. 주장하거나 추산할 수 있을 뿐이다. 집회를 지지하는 쪽은 항상 숫자를 키우려 하고, 집회를 비난하는 쪽은 항상 숫자를 줄이려 한다. 양쪽 모두 정말로 정확한 숫자를 알아내는 일에는 별로 관심이 없어 보인다.

집회나 행사에 참석한 군중의 수를 가지고 다투는 일은 국외에서도 흔하다. 지난 6월 9일 홍콩에서 범죄인 인도 조례 개정에 반대하는 대규모 시위가 열렸을 때 주최측은 참가자 수를 103만 명으로, 경찰은 24만 명으로 추산했다. 2016년 광화문 촛불집회 때와 비슷하게 4배 정도 차이가 났다. 홍콩이 중국으로 반환된 날인 7월 1일에 매년 열리는 집회에 나온 사람도 주최측은 55만 명, 경찰은 19만 명으로 다르게 추산했다. 역대 7월 1일 시위 중 최대 규모로 알려져 있는 2003년의 50만 명보다 클 수도 있고 작을 수도 있는 숫자였다.

홍콩에서도 시위 참가자 수를 과학적으로 집계해서 민의를 가늠하려는 시도가 있었다. 『뉴욕타임즈』 보도에 따르면, 홍콩대학의 폴 입 교수 연구팀은 올해 7월 1일 시위대의 행진 경로 두 곳에 아이패드 여러 대를 설치한 다음 지나가는 사람들을 촬영했다. 인공지능 모델을 훈련시켜서 카메라에 잡힌 대상의 색과 모양 등을 바탕으로 사람과 물체를 구별하고 사람이 어떻게 이동하는지 분석하도록 했다. 카메라 옆에 사람을 배치하여 육안으로도 관찰해서 인공지능의 분석을 보완했다. 연구팀이 계산한 2019년 7월 1일 시위대의 수는 26만 5천 명이었다.

우리도 드론과 얼굴인식 기술과 인공지능 기술을 도입하여 집회 군중 세기 기법을 본격적으로 연구해야 할까? 이것은 과연 민의를 충실히 파악하고 대변하기 위해 꼭 필요한 민주적 기술일까? 2019년 10월 1일 홍콩 경찰이 시위에 참가한 10대 학생에게 총을 쏘아 중상을 입혔다는 끔찍한 소식을 들으면, 거리에 나온 군중이 몇인지, 누구인지, 어느 길로 행진했는지 파악하는 기술이 누구의 손에서 어떻게 사용될지 묻지 않을 수 없다. 세는 사람과 조직을 신뢰할 수 없다면, 군중의 수를 정확하게, 낱낱이 세는 것은 오히려 위험할 수 있다. 숫자 세기는 군중을 추적하고 통제하려는 욕망과 분리하기 어렵기 때문이다. 군중 수는 항상 정치적인 숫자이고, 군중 수 세기는 본질적으로 정치적인 기술이다.

사람 수를 정확하게 세지 못해서 집회의 의미를 파악하기 어려운 것은 아니다. 3년 사이에 4배에서 40배로 늘어난 군중 추산값 차이가 보여주는 것은 사람 수를 세는 과학적 기법의 부재가 아니라 시민의 목소리를 모아내는 정치적 역량의 부재다. 집회 참가자 수를 놓고 하는 말싸움에는 끝도 없고 답도 없다. 오만이든 이백만이든 시민을 거리로 나오게 만든 진짜 문제가 무엇인지 논쟁하고 협상해서 법과 제도를 바꾸는 싸움을 해주기를 기대한다.

4장

세월호학을 위하여

다 낡아빠진
그 철덩어리

2017년 3월 23일에 국회의원회관에서 열린 '세월호 인양, 미수습자 수습, 선체 조사의 쟁점 토론회'에 참석한 유경근 4·16가족협의회 집행위원장은 인양이란 단지 "다 낡아빠진 그 철덩어리를 건져 올리는 것"이 아니라고 강조했다. 미수습자 아홉 명을 찾고 침몰의 진상을 밝힐 때 비로소 인양이 끝난다는 것이다. 207번째로 수습된 학생의 아버지인 장훈 4·16가족협의회 진상규명 분과장은 세월호 선체에 "아이들이 맨 마지막에 살려고 발버둥 치던 모습"이 남아 있다고 호소했다. 아이의 마지막 자취를 담은 세월호에 구멍을 뚫고 이곳저곳을 잘라내는 정부를 그는 도저히 이해할 수 없었다.

정부는 세월호 인양의 의미를 다르게 생각하는 듯 보였다.

　　같은 해 3월 27일에 역시 국회의원회관에서 열린 '세월호 참사 미수습자 수습의 원칙과 방안'이라는 제목의 세미나에서 유해 발굴 전문가 박선주 충북대 명예교수는 세월호 안에 우리가 찾아야 할 사람이 있음을 상기시켜주었다. 오랜 시간 물에 잠긴 유해의 상태를 분석한 해외 연구를 소개한 후 박 교수는 발표 자료에 이런 당부를 담았다. "유해 수습은 뼈 한 조각이라도 놓치지 않는다는 자세로 임해야 하며, 수습 전 과정에서 유해에 손상을 가할 수 있는 어떤 행위도 조심하여야 한다." 박 교수는 또 유해 수습 과정에서 가장 중요한 일이 사진 촬영이라고 말했다. 각 단계마다 기록을 남겨두어야 유해 분석과 신원 확인 과정의 혼란을 막을 수 있다는 것이다. 한국전쟁 전사자와 민간인 학살 희생자 유해 발굴을 맡았던 박 교수의 설명을 들으며 청중은 종종 한숨을 내뱉었고, 세미나는 박수 없이 조용히 끝났다.

　　세월호를 물에서 건지고 목포신항으로 옮겨 육상 거치를 준비하는 사람들에게 전문가의 이런 조언은 도달하지 못했다. 작업에 걸림돌이 된다 싶으면 서슴없이 구멍을 내고 자르는 동안 세월호는 '다 낡아빠진 그 철덩어리' 취급을 받았다. 수백 개의 바퀴를 단 모듈 트랜스포터가 얼마나 정밀하게 세월호를 옮길지, 로봇캠을 어떻게 배 안으로 투입하여 수색할지 홍보하는 것을 보고 있자면 세월호가 마치 정부의 대형 사업 실적이 된 것 같았다. 그러면서도 동물 뼈 발견 소동의 전말은 영상 기록으로 공개하지 않았다. 인양 과정을 비판하는 미수습자 가족과 유가족에게 이철조 세월호현장수습본부장은 "계획된 공기 안에 인양을 안전하게 마칠 수 있도록 합리적으로 판단하고 있다"고 답했지만(『한겨레』보도), 그 합리적 판단은 전혀 신뢰를 얻지 못하고 있다.

세월호를 '다 낡아빠진 그 철덩어리'로 대하는 태도는 이 사건을 '일종의 해양 교통사고'로 규정하려던 시도와 닮았다. 이미 3년이나 지난 교통사고의 흔적을 최대한 빨리 정리하고 치우려는 의도가 보인다. 배 안을 샅샅이 뒤져 마지막 한 명까지 찾아낼 수 있는 눈과 손과 마음을 갖춘, 또 제대로 교육을 받은 인력이 턱없이 부족한데도 모든 작업을 거침없이 진행했다. 반면 수색 중에 발견한 휴대전화는 유가족이 분석한다고 나설 때까지 방치했다. 이러다가 곧 배를 다 훑어보았으니 사건을 마무리하자는 얘기가 나올 것이다.

세월호를 2014년 4월 16일에 상황이 종료된 교통사고가 아니라 훨씬 오래전에 시작돼서 아직도 진행 중인 사건으로 보는 사람들은 선체조사위원회를 세월호 조사의 마지막

이 아니라 시작으로 삼아야 한다고 생각한다. 세월호 선체는 사고로 망가진 기계의 잔해가 아니라 망가진 사회를 다시 일으킬 실마리를 품고 있는 현장, 그 안에서 죽어간 사람과 남은 가족을 이어주는 공간이다. 선체 조사는 참사에 대한 중요한 사실을 밝혀줄 수 있지만 배 안에 우리가 찾는 진실이 모두 다 들어 있지는 않을 것이다. 그러므로 선체조사위는 시선을 배 안에만 두지 말고, 3년 전 배를 침몰시킨 모든 힘과 3년 동안 배를 물속에 가두어놓은 모든 압력을 좇아 밖으로 옮겨가야 한다.

재난 조사에는 과학적 데이터와 사회적 내러티브의 결합이 필요하다. 선체를 과학적으로 조사하여 얻은 데이터와 선체 밖에서 벌어진 온갖 일을 연결하는 이야기를 써낼 때 세월호 참사는 비로소 그 전모를 드러낼 것이다. 선체를 인양하기도 전에 강제 종료된 세월호 특조위가 활동을 재개하고 그 이야기로 새로운 보고서를 써야 한다. 그때에야 세월호는 '다 낡아빠진 그 철덩어리'가 아니라 이 시대를 증언하는 기억과 배움의 현장으로 자리잡을 것이다.

이해할 수 없는 것을
이해하기 위하여

"아직도 이해가 되지 않는다."

"우리도 그렇다."

2017년 6월에 2박 3일 동안 '세월호 참사-관점, 분석, 행동' 이라는 주제로 서울에서 열린 연구 워크숍에 참석한 국내외 학자들은 이해할 수 없는 것을 이해하려고 애썼다. 세월호 침몰과 그 이후 3년 동안 벌어진 일들은 여러 나라에서 일어 난 여러 종류의 재난을 연구해온 학자들에게도 쉽지 않은 사 례였다. 참가자들은 세월호의 침몰과 구조 실패만이 아니라 참사를 조사하기 위해 생겼다가 사라진 4·16세월호참사특별조사위원회(특조위)에 대해서도 길게 토론했다. 특조위 조사관과 학자들이 서로 묻고 답하면서 조금씩 배워나갔다.

워크숍 첫날 오후 참가자들은 경기도 안산교육지원청에 있는 단원고 기억교실을 방문했다. 단원고 희생자의 이름을 한 명씩 부르는 영상을 본 다음 2학년 1반부터 10반까지 교실에 있는 책상과 거기 남겨진 기억의 메모를 보았다. 복도에 있는 전시물에서 재난 연구자들은 세월호가 광주민주화운동 등 한국 현대사의 비극적 장면과 이어져 있음을 관찰했다.

워크숍에 참여한 고려대 김승섭 교수는 우리에게 '세월호학'이 필요하다고 제안했다. 전공을 구분하지 않고 세월호 문제를 정면으로, 깊이 있게, 공동으로 연구하는 작업을 하자는 것이었다. 1986년 체르노빌 원전 사고, 2001년 9·11 테러, 2011년 일본의 지진·쓰나미·원전 사고, 2013년 보스턴 마라톤 테러, 2013년 독일 엘베강 홍수 등 워크숍에서 발표된 다른 사례에 비해 우리는 세월호에 대해 충분히 알지 못했다. 다만 세월호가 몇 날 며칠 동안 다른 사례들과 엮어서 토론할 수 있을 만큼 보편적이면서도 특수한 재난이라는 사실만은 분명했다. 이해하기를 포기하지 말아야 하는 이유다. 김승섭 교수는 이렇게 덧붙였다. "우리는 그 이해할 수 없는 부조리에 대해 여전히 논리에 의거해서 이해해야 할 필요가 있습니다. 그래야 이다음으로 나아갈 수 있으니까요."

목포신항에 거치된 세월호는 아마도 한국 땅에서 조사와 분석의 대상이 된 가장 큰 물체일 것이다. 이 거대한 배가 침몰했다가 다시 떠오르는 과정을 복원하고, 그 배에 탔던 사람들과 가족들의 고통을 기록하고, 배에 타지 않았지만 배와 사람의 운명에 영향을 끼친 이들의 말과 행동을 추적하는 일이 세월호학의 일차 과제다.

세월호 특조위에서 일하거나 세월호를 연구해온 많은 사람들은 자신이 이 일을 할 수 있는 전문가가 아니었고, 세월호를 다룰 준비가 되어 있지 않았었다고 말했다. 특조위 위원, 조사관, 학자 중 누구도 대학이나 대학원에서 세월호를 전공하지 않았다. 다만 이들은 각자에게 있는 작은 전문성을 모두 모아 더하지 않으면 세월호라는 사건을 이해할 수 없으리라는 점을 잘 알고 있었다.

세월호학은 전문성보다는 '인간에 대한 예의'에서 출발한다. 워크숍에서 다른 시간과 장소에서 다른 원인으로 발생하여 다른 결과를 낳은 여러 사례를 함께 토론할 수 있었던 것은 이 모두가 인간이 겪은 재난이기 때문이었다. 인간이 겪었기 때문에 재난이 된 사건들이었다. 참가한 연구자와 특조위 조사관 모두 이 점을 잊지 않으려 했다.

세월호학은 인간의 생명을 앗아가고 공동체를 무너뜨린 재난을 깊이 이해함으로써 인간과 공동체를 다시 일으키는 것을 목표로 하는 학문이다. 선박 복원성의 물리학, 침수와 침몰의 시뮬레이션 과학, 책임 전가의 정치학, 국가폭력의 역사학, 고통의 인류학, 추모의 사회학 등 이론과 방법은 달라도 그 안에 있던 인간을 잊지 않음으로써 세월호학을 함께할 수 있다. 세월호학은 지금까지 시도해본 적이 없는 규모의 융합 학문이 될 것이다. 과학기술특성화대학인 카이스트가 이번 워크숍을 후원하고, 과학 칼럼 지면에 그 이야기를 쓰고 있는 것에도 그런 의미가 있다.

　　첫날 마지막 일정으로 재난 연구자들은 세월호 가족과 만나 이야기를 나누었다. 역시 이해할 수 없는 것을 이해하려 애써야 하는 시간이었다. 면담을 마칠 무렵 가족 한 분은 "세계 여러 곳에서 재난에 대해서 연구하시고 또 생각하시는 분들"에게 피해자 입장에서 재난에 대응하고 이를 극복하도록 돕는 연구와 실천을 해달라고 당부했다. 곧 대학에서 은퇴하는 일본의 한 사회학자는 여러 질문 대신 그 자리에 있던 모든 연구자가 한국어로, 영어로, 일본어로, 독일어로 하고 싶었던 한마디를 세월호 가족에게 건넸다. "Take care of yourself"(부디 잘 지내십시오).

동수 아빠의 과학

정성욱 씨를 처음 만난 것은 2017년 1월 국회에서 열린 '세월호 인양 대국민 설명회'에서였다. 그는 단원고 2학년 7반 정동수 군의 아빠다. 동수는 로봇 제작 동아리 활동을 열심히 하던 학생이었다. 세월호가 아니었다면 과학자가 되어 아빠에게 로봇을 만들어 주었을지도 모른다. 동수 아빠는 4·16가족협의회 선체인양 분과장이 되어 동거차도에 천막을 치고 로봇 대신 세월호를 보면서 살고 있었다. 그는 설명회장 제일 앞줄 국회의원들이 앉은 곳 바로 옆에 자리를 잡았다. 국민의례 순서가 되자 동수 아빠는 일어나 가슴에 손을 얹고 국기에 경례했다. 그가 "자유롭고 정의로운 대한민국의 무궁한 영광을 위하여 충성을 다할 것을 굳게 다짐"했는지는 차마 물어볼 수 없었다.

　동수 아빠를 두 번째로 만난 것은 인양된 세월호가 거치된 목포신항에서였다. 2017년 여름 미국 드렉설 대학의 스콧 게이브리얼 놀스 교수와 세월호 선체조사위원회를 방문한 후에 배를 살펴보러 간 길이었다. 인양이 끝난 뒤에도 여전히 인양분과장이었던 동수 아빠는 몇 달째 세월호를 지키고 있었다. 그동안 그는 배에서 화물과 펄이 나오는 것을 보았고, 구겨진 자동차들이 나오는 것을 보았고, 아이들의 휴대전화와 가방이 나오는 것을 보았고, 유해가 수습되는 것을 보았다. 놀스 교수와 나는 이 거대하고 처참한 배에서 사고의 원인을 찾아낸다는 것이 과연 어떻게 가능할지에 대해 얘기를 나누었다. 동수 아빠는 그 끝을 짐작하기도 어려운 문제를 붙들고 있었다.

　세 번째로 동수 아빠를 만난 것은 2018년 초에 네덜란드의 마린 연구소에서였다. 그는 가족협의회를 대표해서 세월호 모형 시험을 참관하러 와 있었다. 동수 아빠는 25대 1로 축소해서 만든 9929번 모형 배가 옆으로 넘어지게 하는 시험과 30대 1로 축소해서 만든 9930번 모형 배를 침몰시키는 시험을 영상으로 기록했다. 9930번은 세월호처럼 하얀색과 파란색으로 칠한 모형이었다. 객실이 있던 A갑판에 물이 차오르기 시작하자 동수 아빠는 책상에 고개를 묻고 엎드렸다. 네덜란드 엔지니어와 선체조사위원회 조사관들 모두 그 배 안에 동수와 그의 친구들이 타고 있었다는 사실을 상기했다. 배 전체가 물에 잠겨 시험이 끝나고 나서야 동수 아빠는 고개를 들었다. 그는 그러고도 몇 번의 침수 시험을 보고 또 보았다.

모형 시험이 없는 토요일 저녁에 우리는 연구소 근처 펍에서 맥주를 한잔 마셨다. 인양된 세월호를 1년 가까이 지켜온 그는 지쳐 있었다. 배는 뭍에 올라왔지만 진실은 아직 올라오지 않은 상황을 그는 그저 버티고 있었다. 자식을 앗아간 배를 1년 동안 쳐다보고 있어야 하는 사람의 몸과 마음에 어떤 일이 생기는지에 대해서는 아직 어떤 과학자도 연구하지 못했을 것이다. 동수 아빠 말고는 그런 데이터가 없기 때문이다.

그리고 두 달이 흘렀다. 4월 17일에 놀스 교수와 나는 세월호 같은 재난을 조사하는 위원회가 어떻게 작동해야 하는지에 대한 추상적인 얘기들을 '특별기고'라며 신문에 실었다. 바로 그날 동수 아빠는 목포의 배 옆에서 머리카락을 다밀고 단식농성을 시작했다. 전문가들이 모였다는 위원회에서 갑론을박하는 사이, 이 사회의 잣대로는 과학자도 아니고 전문가도 아닌 동수 아빠가 진상 규명을 위해 자기 몸을 내놓았다.

동수 아빠는 모든 세월호들을 보았다. 도면으로도 보고 실물로도 보았다. 동거차도에서도 보고 목포에서도 보았다. 배 안에 들어가서도 보았고 배 밖에서도 보았다. 아이들 휴대전화에 저장된 영상으로도 보았고, 화물칸 차량 블랙박스가 찍은 영상으로도 보았다. 마린 연구소 9929번 모형으로도 보았고, 9930번 모형으로도 보았다. 세월호 조타실을 재현한 시뮬레이터 안에 들어가 그날 아침 배에서 보였을 병풍도와 동거차도도 보았다. 세월호라면 누구보다 많이 보고 오래 보면서 그는 세월호 전문가가 되었다.

동수 아빠는 이제 세월호의 침몰에 대한 설명을 들을 준비가 되어 있다. 그에게는 설명을 들을 권리가 있고, 선체조사위원회와 정부는 설명을 내놓을 의무가 있다. 이것은 또한 한국 과학의 책무이기도 하다. 한 해에 SCI 논문을 5만 편 넘게 발표하는 나라에서 배 한 척이 왜 가라앉았는지를 설명하지 않고 넘어갈 수는 없다. 이는 과학과 국가의 존재 이유를 확인하는 일이다. 무너질 대로 무너진 가슴에 손을 얹고 국가에 예를 표하던 동수 아빠에게 우리는 정중하게 답해야 한다.

위로하는 엔지니어링

"2018년 5월 10일 12시 10분부로 세월호 선체가 직립해 성공적으로 안착됐음을 선언합니다." 현대삼호중공업 유영호 전무의 간결한 작업 완료 선언과 함께 한국 사회에서 유례를 찾기 어려운 엔지니어링 프로젝트가 무사히 끝났다. 현장에 있던 사람들은 직립 작업이 너무 순조로웠다는 사실에 놀라기도 하고 안도하기도 했다. 세월호에 관한 일에서 이런 무난한 과정과 자신 있는 선언을 경험해보지 못했기 때문일 것이다.

공동 기자회견을 진행한 세월호 선체조사위원회(선조위) 이정일 사무처장은 '직립'이라는 단어 대신 '바로 세우

2018년 5월 10일 목포신항에서 바로 세워지고 있는 세월호.
(사진 촬영: 전치형)

기'라는 표현을 주로 썼다. 한자어 '직립'을 풀어썼을 뿐이지
만 그 뜻은 꽤 달랐다. '직립'의 대상은 배 하나지만, '바로 세
우기'의 대상은 거기 모인 사람의 숫자만큼 많았다. 현장에
있던 한 유가족은 "썩어들어가고 찢어진 마음도 바로 세우
는 거야. 시작이잖아"라고 말했다(JTBC 뉴스).

　4·16가족협의회 전명선 운영위원장은 "세월호를 바로
세웠다는 것은 (……) 돈보다 사람의 목숨, 인간의 존엄성을
다시 일깨우는 시금석을 마련한" 것이라고 의미를 부여했

다. 선조위의 김창준 위원장은 "철저한 진상 규명과 철저한 수습"을 언급하며, 바로 선 세월호를 "우리 정부가, 또 우리 국가가 그러한 약속을 틀림없이 실천하고 이행한다는 상징"으로 해석했다. 배 한 척을 세움으로써 우리는 유가족의 마음과 인간의 존엄성과 이 국가를 동시에 세우고자 했다.

현대삼호중공업도 이 작업이 단지 배를 바로 세우는 일에 머무르지 않는다는 사실을 잘 인식하고 있는 듯했다. 현장 사무소에 걸린 현수막 글귀는 "안전하게 바로 세우겠습니다"라며 목적어를 생략한 채 그 대상을 열어두고 있었다. 선조위에 제출한 작업 경과보고 자료도 "안전을 최우선으로 빠르게보다는 바르게 세우겠습니다"라며 이번 엔지니어링 작업의 지향을 폭넓게 표명하고 있었다. 현장에서 일하는 사람들은 모두 쓰러진 배를 세우면서 다른 많은 것들을 같이 세우고 있다는 느낌을 받았을 것이다.

직립을 지켜본 사람들은 조심스럽게 '위로'와 '치유'라는 표현도 사용했다. 1만 톤급 크레인이 물체를 들어올리는 작업을 보면서 '위로'나 '치유'를 떠올리는 경험은 생소했다. 인문학, 심리상담, 종교만이 아니라 엔지니어링도 위로와 치유의 통로가 될 수 있다는 생각은 해본 적이 없었다. 하지만 세 시간 동안 직립 작업을 목격하고, 그 이전 100일 동안의 준비 과정을 떠올리면서, 나는 엔지니어들이 말없이 위로의 손길을 내밀고 있다고 느꼈다.

배의 손상 상태를 측정하고, 무게중심을 계산하고, 시뮬레이션을 돌리고, 보강재를 삽입하고, 안전교육을 하고, 크레인을 옮기고, 와이어를 걸고, 40도 각도로 들고, 60도 각도로 들고, 마침내 작업 완료를 선언하는 것. 즉, 엔지니어들이 매일 해오던 일을 잘하는 것만으로도 위로를 받고 희망을 얻는 사람들이 있었다. 배가 일어선 것만으로 위로나 치유가 가능할 리 없지만, 배가 쓰러져 있는 상태에서 위로와 치유를 말할 수도 없을 것이다.

세월호 바로 세우기는 '엔지니어링이란 무엇이며 엔지니어는 무엇을 하는 사람인가'라는 기본적인 질문을 상기시켜주었다. 산업혁명과 경제성장의 도구가 되는 것 외에 엔지니어링은 무엇을 할 수 있고 무엇이 될 수 있는가? 마땅한 사례를 찾아 답하기가 어려웠던 물음이다.

엔지니어링은 사람과 사회를 바로잡아줄 수 있다. 배가 쓰러져서 사람도 쓰러지고 사회도 쓰러졌을 때, 엔지니어들은 쓰러진 것들을 붙잡아 하나씩 일으켜주기 위해 나설 수 있다. 당연히 정치가 주도해서 해야 할 일이지만, 엔지니어링이 나서지 않으면 할 수 없는 일이다. 이는 정치에 휘둘리는 엔지니어링이 아니라 최선의 정치를 구현하는 통로가 되는 엔지니어링이다. '바로 세우기'처럼 목적어를 여럿 두고 하는 엔지니어링이다. 이런 엔지니어링은 인간의 존엄과 안전이라는 가치를 세우기 위한 '시금석'이 되어준다.

직립 완료 직후 현장 식당에서 점심을 먹은 현대삼호중공업 엔지니어들은 곧바로 배 곁에서 정리 작업을 준비했다. 선조위 위원과 조사관 들은 바로 선 세월호를 가장 먼저 한 바퀴 돌며 상태를 살폈다. 이제 크레인이 들어서 마련해준 통로를 따라 들어가서, 쓰러진 진실을 일으켜세울 방법을 찾을 차례다. 다음번 작업 완료 선언을 기다린다.

물리학자 친구 없어요?

2018년 8월 6일, 세월호 선체조사위원회(선조위)가 활동을 마쳤다. 언론은 선조위가 '두 개의 결론'을 냈다고 평가했다. 1년에 SCI급 논문을 5만 편 넘게 내는 나라에서, 과학 분야 노벨상 하나쯤은 받아야 하지 않겠냐고 해마다 다그치는 나라에서, 인공지능과 로봇으로 4차 산업혁명을 선도한다는 나라에서, 배 한 척이 왜 넘어지고 가라앉았는지에 대해 공식적으로 합의된 설명을 내놓지 못했다.

나를 포함한 네 명의 외부 집필진은 선조위의 종합보고서를 작성하는 일을 맡았었다. 조사관들이 작성한 보고서, 선조위에서 다른 기관에 의뢰한 조사 및 실험 보고서 등을 종합해서 세월호의 침몰 원인을 글로 정리하는 일이었다. 외부 집필진이 7월 30일에 제출하고, 31일에 전원위원회에서 발표한 종합보고서 초안에 대해 위원들의 의견이 둘로 나뉘었다. 보는 관점에 따라 크다고도, 또 작다고도 할 수 있는 양측의 의견 차이는 좁혀지지 못했다. 결국, 양측 위원들은 외부 집필진이 쓴 초안을 가지고 가서 각자의 입장이 더 명확하게 드러나도록 첨가, 수정, 삭제해서 최종본을 만들기로 합의했다.

8월 3일, 양측 위원들은 각각 종합보고서 'A안'과 'B안'을 들고 와서 다시 만났다. 양측을 공평하게 대하기 위해 'B안'을 '가안'이라고 불러달라는 요청이 있었다. 그래서 'A안'과 '가안' 두 가지를 놓고 논의하던 위원들은 각자 종합보고서 표지에 넣을 만한 제목을 붙이기로 했다. 잠시 정회 후 돌아온 양측은 'A안'은 '내인설'이라는 명칭을 쓰고, '가안'은 그냥 '가안'이라는 명칭을 유지하겠다고 발표했다. 이로써 선조위 보고서는 하나의 '설'과 하나의 '안'을 담게 되었다. 두 입장이 공평하게 전달되도록, 책의 한쪽을 펼치면 '내인설'이 나오고, 책을 뒤집어서 반대쪽을 펼치면 '가안'이 나오는 실험적인 형태의 종합보고서를 내기로 정했다.

선조위가 하나의 '설'과 하나의 '안'을 내놓은 상태에서

회의를 계속하는 동안 회의실 밖 복도에서 마주친 4·16세월호참사가족협의회 장훈 진상규명분과장은 내 팔을 잡으면서 말했다.

　　"앞으로도 같이하실 거죠?"
　　"글쎄요, 이제 저희가 할 수 있는 역할이 있을까요?"
　　"물리학자 친구 있을 거 아니에요."
　　"네? 아, 물리학자 친구요…….'

세월호를 설명해줄 수 있는 물리학자 친구를 소개하고 그 물리학자가 하는 말을 알아들을 수 있게 옮겨달라는 요청이었다.
　　장훈 분과장은 회의실 근처 작은 세월호 모형이 있는 곳으로 나를 데리고 갔다. 그는 이미 수백 번은 해본 듯한 손놀림으로 모형 배를 이리 돌리고 저리 기울이면서 어떤 힘이 배를 이렇게 움직이도록 만드는지가 여전히 궁금하다고 말했다. 그런 다음 그는 나를 칠판 앞으로 데리고 갔다. 섬을 몇 개 그리고 그사이로 4월 그날 조류가 흘렀던 방향을 표시하면서 이것이 배의 운동에 어떤 영향을 미쳤는지 밝혀내야 한다고 말했다. 아들 준형이를 삼킨 배의 모형을 들고서, 또 그

172
사람의 자리

바다를 그리면서, 그는 물리학을 말했다. 준형이 아빠에게 이런 것들을 설명해드리라고 만들었던 선조위가 마지막 회의를 열고 한 개의 '설'과 한 개의 '안'을 의결한 날의 풍경이었다.

선조위는 활동을 마쳤지만 준형이 아빠는 아직 미치도록 궁금한 것이 많다. 준형이 아빠에게는 물리학자 친구가 필요하다. 1970년 평화시장에서 일하면서 근로기준법을 공부했던 전태일이 대학생 친구를 찾았듯이, 2018년 세월호 가족에게는 과학자 친구가 필요하다. 한 개의 '설'과 한 개의 '안'을 가족들과 같이 읽고 해설해줄 과학자, 각각의 논리와 증거와 계산을 검증해줄 과학자, 특히 무엇이든 믿고 물어볼 수 있는 과학자가 더 많이 필요하다. 선조위는 '믿고 묻는 과학자'의 역할을 해내지 못했다.

외부 집필진은 종합보고서가 둘로 나뉘기 전 제출한 서론에 이렇게 썼다. "슬프게도 이 보고서를 들고 4년 전 그날로 돌아가 세월호의 침몰을 막을 수는 없습니다. 그러나 이 보고서가 다시는 세월호와 같은 배가 출항하지 못하도록 하는 근거가 되기를 바랍니다. 다시는 세월호처럼 넘어지고 세월호처럼 가라앉는 배가 없도록 하는 일에 밑거름이 되기를 희망합니다." 과학자들이 선조위 보고서를 돌려 읽고 국민에게 설명해줄 때만 가능한 일이다.

4월의 과학

단원고 2학년 8반 장준형 군 아빠 장훈 씨는 과학을 좋아한다. "과학은 사회 발전의 촉매제"라고 믿고, 한국에도 아이돌급 과학자가 나오면 좋겠다고 생각한다. "우리나라도 노벨물리학상, 노벨화학상 나와야 한다"고도 생각한다. 유튜브에서 과학 콘텐츠를 찾아서 볼 때도 많다. 최근에는 인지심리학 강의를 재미있게 들었다. 카오스재단에서 제작하는 과학 강연이나 책 소개도 보는데, 내가 그 채널에서 한 짧은 인터뷰 영상을 보고는 말을 좀 재미있게 하라는 조언을 해주었다.

준형이 아빠가 가장 좋아하는 과학책은 천문학자 칼 세

이건이 쓴『코스모스』다. 열다섯 살 때 처음 읽고 좋아했고, 2년 전쯤 다시 찾아 읽었다. 어렸을 때는 우주를 설명하는 과학책으로 읽었는데, 다시 읽으니 "이게 우주에 관한 책인가 철학에 관한 책인가, 새로운 맛을 느끼게 된다"고 평했다. 상대성 이론에 대한 설명이 깊은 인상을 남겼다.『코스모스』를 읽은 후에 영화〈인터스텔라〉도 과학적인 배경을 이해해 가면서 재미있게 볼 수 있었다. 유발 하라리의『사피엔스』,『호모 데우스』도 재미있게 읽었고, 과학의 발전을 사회의 구조와 연결해서 설명하는 방식이 좋았다.

어떻게 과학을 취미로 삼게 된 것인지 물었더니 실생활에도 도움이 된다고 한다. 세월호 유가족으로 살아가는 데에 필요하다는 뜻이다. 배가 침몰했을 때부터 "과학적으로 접근할 필요가 있다"는 생각이 강하게 들었다. 그러니까 취미가 아니라 "뭐라도 찾아내기 위해서, 뭐라도 도움이 되기 위해서" 과학을 가까이한다는 얘기다. 재러드 다이아몬드가 쓴 문명사『총, 균, 쇠』를 읽다가도 세월호 참사를 떠올렸다. 당시 현장에 있던 사람들이 조직이나 환경의 영향으로 왜 그렇게 행동했는지 이해하는 데에 도움이 되겠다고 느꼈다. "내가 신이 되고 싶은가 봐요. 다 알고 싶어지는 것 같아. 도대체 왜 이렇게 됐을까." 세월호에 대한 모든 것이 궁금한 그는 "이것 때문에 이랬다고 설명해줄 수 있는 게 과학이 아닌가"라고 생각한다.

그는 과학을 좋아하지만 과학자들에게 아쉬운 마음도 있다. 특히 2017년 이맘때 세월호가 인양된 직후에는 실망이 컸다. "우리한테는 가슴 아픈 세월호지만, 과학자들 입장에서는 연구 대상 아닌가요?" 그러면서 그는 과학자들이 인양된 세월호에서 얼마나 많은 연구를 할 수 있었을지 설명했다. 3년 동안 가라앉았던 배의 물리적 변화를 연구하고, 그사이 배 안에 서식한 생물을 연구하고, 조류가 배 안에 침전물을 어떻게 쌓았는지 연구하고, 또 시신이 바닷물 속에서 어떻게 변화하는지, 신원 확인은 어떻게 해야 하는지도 연구할 수 있지 않았느냐는 것이다. 지난 몇 년 동안 정부와 과학계에서 그토록 강조하던 융합 연구의 훌륭한 대상이 목포신항에서 과학자들을 기다리고 있었다는 뜻이다. "그 당시에 교수님들이 별로 안 왔잖아요"라고 말하는 그는, 세월호가 과학 지식이 되어 인류에 기여할 수 있는 기회를 놓쳐버린 것이 끝내 아쉽다.

준형이 아빠에게는 과학의 발전에 대한 큰 의문도 하나 있다. "과학이 발전하는 만큼 세상이 안전해지나"라는 물음이다. 세계 최고의 조선 강국이라는 나라에서 그렇게 큰 배가 속절없이 가라앉는 것을 보았기 때문이기도 하고, 그 희생을 치르고 나서 7년이나 흘렀지만 우리가 더 안전해졌는지 확신할 수 없기 때문이기도 하다. 참사 당시 느낀 괴리, "정작 필요할 때는 아무것도 없고 딴것들은 되게 발전해 있는" 상황은 아직 해소되지 않았다. 과학자들을 탓할 수는 없는 문제라고 생각하지만, 과학자들의 얘기를 듣고 같이 고민하고 싶은 '목마름'이 가시지 않는다. 그러나 그에게 과학자 친구가 있는 것은 아니어서, 과학자들과 세월호 얘기, 안전한 세상에 대한 얘기를 진솔하게 나눠본 기억은 손에 꼽을 정도다.

　　준형이 아빠는 4월이 '과학의 달'이라는 걸 모르고 있었다. "4월 그러면 아픈 달" 하면서 넘어가는 게 보통이라고 했다. 내가 4월은 과학계에서 중요하게 생각하는 달이라고 하자, "과학의 달에 우리 애들은 왜 하늘의 별이 됐나" 하는 생각이 든다고 말했다. 4월이 정말 과학의 달이라면, 4월에 우리가 생각하고 추구해야 하는 과학은 어떤 과학일까. 4월의 과학은 어디를 향해야 할까. 준형이 아빠는 과학의 달 4월에 과학이 세월호 아이들을 기억하는 한 방법일 수는 없는지 묻고 있다.

안개 속에서
서서히 떠오르다*

"진실만이 남았다. 제발 말 좀 해주라. 세월호야."

2017년 3월 31일, 별이 된 아이를 가슴에 품은 한 아버지가 기도했습니다. 세월호가 진도 앞바다에서 항해를 멈춘 지 1,081일 만에 화이트마린호에 실려 목포신항으로 들어오던 그날이었습니다. 수학여행을 떠나며 금요일에 돌아오겠다던 아이들은 약속을 지켰습니다. 그래서 아버지는 세월호의 마지막 항해를 지켜보며 희망을 품었습니다. "저 거대한 배가 왜 침몰했는지, 정부는 왜 진실을 감추려고만 했는지, 이제라도 밝혀지리라 믿어요."

사람의 자리

목포신항만에 누운 세월호는 2014년 4월 16일 이래 한
국의 바다와 땅에서 일어난 비극을 고스란히 증언하고 있었
습니다. 배와 사람과 공동체가 모두 넘어지고, 가라앉고, 찢
기고, 억눌려온 세월을 증언하고 있었습니다. 참담한 모습으
로 떠오른 배는 한국 사회가 아직 2014년의 그날에서 한 발
짝도 더 나아가지 못했다고 질책하고 있었습니다.

배가 떠올랐다고 해서 그동안 가라앉고 묻혀 있던 것들
이 저절로 드러나지는 않았습니다. 겨우 배에 닿을 수 있는
길이 열렸을 뿐입니다. 이제 누군가 배 안으로 들어가 사람

---

* 이 글은 세월호 선체조사위원회가 2018년 8월 6일 활동을 종료하면서 발간
한 종합보고서의 서론으로 쓴 것이다. 네 명의 외부 집필진(박상은, 전치형,
정은주, 최형섭)이 종합보고서의 초안 작성 작업을 맡아 선체조사위원회의
조사 결과를 글로 정리했다. 세월호의 침몰 과정과 원인을 구체적으로 다루
는 본론의 초안을 마무리한 다음, 이 보고서의 의의에 대한 외부 집필진의
생각을 서론에 담아 선체조사위원회에 함께 제출했다. 집필진이 제출한 종
합보고서 초안은 아직 '내인설'과 '가안'(추후 최종 인쇄본에서 '열린안'으로
명칭 변경)으로 나뉘지 않은 하나의 문서였다. 즉, 이 서론은 상당한 이견에
도 불구하고 보고서가 하나의 완결된 문서로 나올 것이라는 기대를 가지고
쓴 것이다. 집필진이 제출한 초안을 놓고 토론을 벌이던 선체조사위원회는
종합보고서를 각종 반론을 포함하는 하나의 문서로 발간하지 않고, 대신 서
로 다른 관점을 선명하게 담은 두 문서로 나누어 발간하기로 결정했다. '내
인설'과 '열린안'을 지지하는 위원들이 각각 초안을 수정해서 최종 원고를
완성했다. 다행히 외부 집필진이 쓴 이 서론은 '내인설'과 '열린안' 보고서 양
쪽 모두에 그대로 실렸다.

을 찾고 진실을 찾아야 했습니다. 우리 앞에 놓인 이 거대한 물체가 다 망가져서 쓸모없는 고철 덩어리가 아니라는 사실을 증명해야 했습니다. 사람의 흔적, 참사의 흔적이 아직 거기 남아 있음을 확인해야 했습니다.

세월호 선체조사위원회는 이 비극적인 배를 하나의 거대한 증거로 삼는 것에서 출발했습니다. 세월호 선체는 그날 배가 어떤 상태로 출항했는지 알려주는 증거, 그날 배가 왜 넘어졌는지 알려주는 증거, 그날 배가 왜 가라앉았는지 알려주는 증거가 되었습니다. 옆으로 누운 세월호 선체는 한국 역사에서 가장 크고 무서운 증거품이 되었습니다. 참사 이후 3년 동안 바로 이 증거가 없어서 밝히지 못했던 사실을 드러내는 것이 선체조사위원회의 중요한 임무였습니다.

세월호는 수많은 증거를 뱉어냈습니다. 증거는 펄 속에 묻혀 있었고, 철판에 새겨져 있었고, 차량 블랙박스에 담겨 있었습니다. 선체조사위원회는 배에서 나온 모든 증거를 끌어모으려 애썼습니다. 육지 곳곳에 흩어져 있던 세월호에 대한 증거들도 새롭게 다시 모았습니다. 문서를 찾고 사람을 찾아갔습니다. 이렇게 쌓은 모든 증거들을 다시 나누고 배열하고 변환해서 세월호의 진실을 알려줄 데이터로 만들었습니다.

사람의 자리

출항부터 침몰까지 세월호의 AIS 항적에는 모두 5만 928개의 점이 찍혀 있었습니다. 인천대교를 통과하던 순간의 세월호, 밤바다를 배경으로 갑판에서 불꽃놀이를 하던 순간의 세월호, 맹골수도로 진입하던 순간의 세월호가 어느 위치와 각도와 속력으로 존재했는지 볼 수 있었습니다. 위원과 조사관들은 세월호 안으로 모두 4,654번 들어갔습니다. 화물칸에서 수거한 17대의 차량용 블랙박스에서는 4,978개의 영상 파일이 복원되었습니다. 이 중 7대의 블랙박스는 배가 기울고, 자동차가 미끄러지고, 물이 들어오는 사고 당시의 영상을 담고 있었습니다. 영상을 수없이 반복해 틀어놓고 시간을 재고 각도를 쟀습니다. 소리는 따로 뽑아 주파수를 분석했습니다. 조사관은 또 배의 안과 밖을 찍어 사진 데이터로 만들었습니다. 모두 3만 7,463장의 사진이 모였습니다. 선체조사위원회가 검토한 기록은 모두 87테라바이트[TB] 분량이었습니다. 힘겹게 만들어낸 참사 데이터를 손에 들고서 선체조사위원회는 세월호의 진실에 다가가고자 했습니다.

안타깝게도 진실은 빠르고 선명하게 떠오르지 않았습니다. 바닷속에 잠겨 있던 세월만큼 배의 겉과 속은 온전치 못했습니다. 데이터는 항상 부족하고 불완전했습니다. 많은 것을 가정하고 추정하고 근사해야 했습니다. 모형과 시뮬레

세월호학을 위하여

이션은 그날의 일을 똑같이 재현해주지 못했습니다. 부족하고 불완전한 데이터는 종종 상이한 해석을 낳았습니다. 치열한 토론과 논쟁을 벌였습니다. 선체조사위원회 구성원 모두가 동의하는 결론을 내지 못한 쟁점들이 있었다는 사실도 밝혀둡니다. 세월호의 침몰에 대한 모든 사실을 완벽하게 알아내는 것은 불가능했다고 고백합니다.

하지만 여러 어려움에도 위원과 조사관이 데이터와 계속 씨름할 수 있었던 것은, 역설적이게도 이 데이터가 단지 데이터가 아님을 알았기 때문입니다. 세월호 참사의 핵심은 데이터가 아니라 차마 데이터가 되지 못한 것들에 있기 때문입니다. 우리는 AIS 항적에 찍힌 5만 928개의 점 하나하나마다 476명의 사람이 타고 있었음을 기억하려 했습니다. 블랙박스 카메라가 비추는 화물칸에서 철근과 자동차가 기울어지고 미끄러질 때, 그 바로 위에서 수백 명의 사람이 죽음의 공포에 사로잡혀 있었음을 잊지 않고자 했습니다. 수조에 띄워놓은 모형 배 안으로 물이 차오를 때 그것이 4년 전 세월호 안에서 '가만히 있으라'는 말을 믿고 구조를 기다리던 사람들을 삼킨 물이었다는 사실을 상기하고자 했습니다.

이제 모든 숫자와 문서와 사진과 영상을 끌어모아 선체조사위원회는 다음과 같이 보고합니다.

"세월호는 돌아올 수 있었다."

지킬 것들을 제대로 지켰다면, 세월호는 그렇게 출항하지 않았을 것입니다.

묶을 것들을 제대로 묶었다면, 세월호는 그렇게 넘어지지 않았을 것입니다.

닫을 것들을 제대로 닫았다면, 세월호는 그렇게 가라앉지 않았을 것입니다.

만약 그랬다면, 배는 항구로 돌아오고 사람은 집으로 돌아올 수 있었을 것입니다.

어쩌면 이것은 이미 모두가 알고 있던 이야기일지도 모릅니다. 누군가는 알아챌 수 있었고, 누군가는 막을 수 있었던 일이라는 뜻입니다. 세월호가 출항하는 것을 막고, 넘어지는 것을 막고, 가라앉는 것을 막을 방법이 있었다는 것입니다. 어렵지 않고 힘들지 않은 일이었습니다. 다만 하지 않았을 뿐입니다. 무지와 무능과 무책임이 그날 세월호에서 가장 비극적인 방식으로 결합했고, 누구도 그 결합을 끊지 못했습니다. 선체조사위원회가 이제 국가의 이름으로 그 사실을 확인합니다.

이것은 한국 정부가 처음 공식적으로 발간하는 세월호

국가보고서입니다. 2014년 국회 세월호 진상규명 국정조사 특별위원회도, 2016년 4·16세월호참사 특별조사위원회도 최종 보고서를 발간하지 못했습니다. 세월호 국가보고서가 나오기까지 무려 4년 4개월이 걸렸습니다. 그동안 국가는 세월호가 침몰한 이유, 304명이 사망한 이유를 가족들과 국민에게 설명해야 할 의무를 미뤄왔습니다. 진실을 밝힐 책임을 회피하고 방기해왔습니다. 오히려 의도적이고 적극적으로 세월호에 닿는 길을 막아왔습니다.

보고서를 제출하면서 선체조사위원회는 이것이 세월호 가족들이 싸워서 만들어낸 소중한 결과라는 사실을 기억합니다. 가족들이 열어준 통로를 따라 선체조사위원회는 겨우 세월호에 다가갈 수 있었습니다. 참사의 진상을 규명하는 지극히 당연한 일을 위해 가족들이 거리로 나서야 했다는 사실은 그 자체로 비극입니다. 누구보다 먼저 설명을 들을 권리가 있는 가족들이 한마디 대답도 듣지 못한 채 청와대로, 국회로, 법원으로 헤매고 다녀야 했다는 것은 또 다른 참사입니다.

그러므로 선체조사위원회는 이 보고서를 대통령과 국회에 제출하는 동시에 세월호 가족들께 제출합니다. 네덜란드 연구소의 수조에서 세월호처럼 생긴 모형 배가 넘어지고 가라앉는 것을 보고 또 보다가 고개를 떨구던 아버지들께 이 보고서를 제출합니다. 목포신항에서 자식을 앗아간 배 안으로 들어가 카메라와 컴퓨터와 문서를 찾아서 복구해낸 어머니들께 이 보고서를 제출합니다. 이 땅 곳곳에서 아직 세월호를 겪고 계신 모든 희생자와 미수습자 가족들께 작은 설명을 내어놓습니다. 그날 이런 일이 있었다고.

진은영 시인은 2014년 광화문광장에 선 세월호 유가족들을 생각하며 "세계의 거짓과 태만이 그들의 집을 부쉈다"라고 썼습니다. 배가 넘어지고 가라앉았을 때 가족들의 집도 부서졌습니다. 배를 타고 떠난 아들, 딸, 부모, 형제가 돌아오지 못했기에 그들의 가정은 다 무너졌습니다. 이 보고서는 배를 침몰시키고 세월호 가족들의 집을 무너뜨린 거짓과 태만의 기록입니다.

이것은 또한 한국 사회가 겪은 가장 참담한 실패 중 하나의 기록입니다. 실패를 조사하고 기록함으로써 우리는 실패에서 배울 수 있습니다. 거짓과 태만을 반성하고, 잘못된 것들을 고침으로써 우리는 조금 더 나아질 수 있습니다. 이렇게 처참하게 실패하고 나서야 배우게 된 것이 한스럽지만, 지금이라도 배우지 않는다면 우리는 계속 2014년 4월 16일, 그날에서 나아가지 못할 것입니다. 세월호는 한국 사회를 무너뜨린 참사가 아니라 한국 사회를 바꾸어낸 참사로 기록되어야 합니다.

슬프게도 이 보고서를 들고 4년 전 그날로 돌아가 세월호의 침몰을 막을 수는 없습니다. 그러나 이 보고서가 다시는 세월호와 같은 배가 출항하지 못하도록 하는 근거가 되기를 바랍니다. 다시는 세월호처럼 넘어지고 세월호처럼 가라앉는 배가 없도록 하는 일에 밑거름이 되기를 희망합니다. 다시는 세월호와 같은 배가 출항하고 넘어지고 가라앉는 모습을 속절없이 보고만 있는 일이 없어야 합니다.

이 보고서에는 영원히 극복할 수 없는 한계가 있습니다. 그날 배 안에서 구조를 기다리다 가라앉아버린 이들의 시선과 목소리를 담아낼 수 없었다는 점입니다. 어른들에 대한 믿음, 사회에 대한 믿음, 국가에 대한 믿음을 배반당한 이들의 죽음에 대해 이 보고서는 다 말하지 못하고 있습니다. 그들이 어른을 믿고, 사회를 믿고, 국가를 믿고 구조를 기다리는 동안 어른들이, 사회가, 국가가 무엇을 하고 있었는지 밝히는 것은 이제 다음 위원회의 과제로 남았습니다.

진실을 향해 겨우 한 걸음을 내디뎠지만, 첫걸음이기에 그 의미가 큽니다. 이 한 걸음이 다음 걸음으로 이어지리라 믿습니다.

네덜란드 마린의
세월호 과학

2020년 3월 초 네덜란드 바헤닝언시에 있는 해양연구소 마린MARIN의 연구진이 그리스 아테네행 비행기에 올랐다. 코로나19 바이러스가 유럽 각국에도 퍼지기 시작했지만 아직 국가 간 이동을 막진 않을 때였다. 이들은 그리스 출장 취소 여부를 두고 며칠 상황을 지켜보다가 계획대로 움직이기로 결정했다. 3월 4일 아테네 근처의 '그리스 요트 클럽'에서 영국 왕립조선학회가 주최하는 여객선 안전 분야 국제학회가 열릴 예정이었다. 마린은 이 학회에 두 편의 논문을 제출했다. 각각 '선회 중 횡경사 각도와 승객 안전', '세월호의 전복과 침수'라는 제목을 달고 있다.

마린과 세월호

3월 4일 학회 오전 세션에서 「선회 중 횡경사 각도와 승객 안전」이라는 논문을 발표한 사람은 마린에서 여객선 조종 연구와 모형시험을 맡고 있는 선임 프로젝트 매니저 빅토르 페라리였다. 그는 2014년 4월 16일 세월호가 옆으로 기운 사진을 보여주는 것으로 발표를 시작했다. 횡경사, 즉 선박이 왼쪽 또는 오른쪽 측면으로 기우는 것이 배에 탄 승객의 안전에 미치는 영향을 이보다 더 잘 보여주는 이미지는 없을 것이다. 사진은 이 추상적인 제목의 과학 연구가 다름 아닌 세월호의 침몰에서 출발했다는 점을 시사하고 있었다.

페라리의 다음 슬라이드는 실제 세월호가 아니라 마린이 제작한 노란색 세월호 모형이 대형 수조 안에서 좌현(배 뒤쪽에서 뱃머리를 향해 섰을 때 왼쪽 뱃전)으로 기울어진 사진을 담고 있었다. 페라리는 사진 옆에 모형시험 조건에 대한 간단한 설명을 붙였다. "바람 없음. 파도 없음. 조류 없음. (선체) 손상 없음. 선회만 있음." 즉 세월호 모형시험 결과에서 마린 연구진이 주목한 것은 잔잔한 바다에서 항해하던 배가 외부 충격이 없는 상태에서 선회하다가 크게 기울었고 결국 대형 참사로 이어졌다는 사실이었다. 학회가 끝나고 한 이메일 인터뷰에서 페라리는 "세월호 사고는 선회 중 횡경사가 얼마나 끔찍한 결과를 낳을 수 있는지 보여주었다"고 말했다. "우리는 그런 비극이 다시는 일어나지 말아야 한다고 느꼈다." 페라리와 마린은 왜 세월호를 국제 여객선 안전 연구의 출발점으로 삼게 되었을까.

마린과 세월호의 인연은 2018년 초로 거슬러 올라간다. 마린은 세월호 선체조사위원회(선조위)의 주요 용역 기관으로서 2018년 상반기에 세월호의 전복, 침몰 과정을 밝히기 위한 모형시험과 시뮬레이션을 실시했다. 당시 선조위 위원장, 소위원장, 위원 및 조사관 여러 명이 마린을 방문해서 모형시험을 진행하거나 참관했다. 세월호 가족 대표들도 시험 과정에 함께했다. 여러 신문사와 방송사에서 취재진을 파견해서 마린의 모형시험 장면을 찍고 인터뷰를 내보냈다. 그만큼 기대가 컸던 모형시험이었다. 마린은 2018년 4월과 7월에 수백 쪽짜리 보고서 여러 권을 선조위에 제출했다.

당시 마린이 실시한 세월호 모형시험은 크게 두 가지로 나눌 수 있다. 하나는 세월호가 빠르게 선회하면서 45도까지 기운 과정에 대한 분석이고, 다른 하나는 기울어진 세월호에 물이 들어가서 100분 만에 침몰하는 과정에 대한 분석이다. 마린은 선회 및 횡경사 분석과 침수 및 침몰 분석을 위해 세월호를 각각 25분의 1과 30분의 1로 축소한 9929번 모형과 9930번 모형을 제작했다(마린은 모형 제작 순서대로 일련번호를 붙인다). 9929번 모형에는 배의 전체적인 움직임을 측정하고 화물 이동을 구현할 수 있는 장치를 달았고, 9930번 모형은 침수 경로 분석을 위해 객실과 화물칸 등 세월호 내부 구조를 정확하게 재현했다.

이 중 9930번 모형배를 사용한 마린의 침수·침몰 시험 결과는 선조위가 이견 없이 거의 그대로 받아들였다. 해수가 처음 유입된 지점과 침수 경로를 밝혀냈고, 무엇보다 수밀문과 맨홀 등이 제대로 닫혀 있었다면 세월호가 그렇게 빨리 가라앉지 않았을 것이라는 시뮬레이션 결과도 내놓았다. 이런 내용은 선조위의 '내인설' 보고서와 '열린안' 보고서 제3장에 거의 동일하게 실렸다. 두 보고서는 모두 "세월호는 침수에 매우 취약한 '열려 있는' 배"였으며 세월호의 "수밀 구획이 유지되지 못했기 때문"에 일반적인 예상보다 빠르게 침몰했다고 판단했다.

마린은 9929번 모형배를 사용한 선회와 횡경사 시험에서는 세월호의 속력, 복원성, 화물 이동, 방향타의 각도 변화, 핀 안정기 등의 조건을 조합한 340개 이상의 시나리오를 테스트했다. 또 외력이 작용했다면 배의 선회와 경사에 어떤

사람의 자리

영향을 미쳤을지에 대한 시험도 실시했다. 마린은 세월호의 낮은 복원성 조건과 방향타의 움직임이 결합했을 때 배가 우현으로 선회하면서 좌현으로 최소 18도 이상 기울었고, 이때 화물이 처음 이동하기 시작했다고 분석했다. 최초 화물 이동과 함께 배가 점점 더 기울어 33도에 이르자 2차 화물 이동이 진행되었고, 이후 세월호는 45도 이상 기울어진 다음 다시 일어서지 못했다. 마린의 결론은 세월호에 외력이 작용했다는 가설을 도입하지 않고도 세월호의 선회와 횡경사를 설명할 수 있다는 것이었다.

"전적으로 확신한다"

이러한 마린의 분석을 두고서는 선조위 내부 견해가 크게 엇갈렸다. 선조위의 '내인설' 보고서는 마린의 시험 결과와 해석을 받아들이는 입장이었고, 외력의 가능성을 열어놓고 있는 '열린안' 보고서는 마린의 결론을 수용하지 않았다. 특히 외력의 존재 가능성에 대한 마린의 시험 결과 해석을 두고 '열린안' 보고서는 "마린과 선조위 외력 검증 티에프TF 사이에 상이한 지점이 다수 존재"한다고 서술했다. 결국 세월호의 선회와 횡경사를 다루는 제2장에서 두 보고서의 견해차가 가장 두드러졌고, 이는 상당 부분 마린의 모형시험 결과를 서로 다르게 해석한 데서 비롯했다.

2018년 8월 초 선조위가 내부 이견을 좁히지 못한 채 '내인설'과 '열린안'으로 나뉜 침몰 원인 종합보고서를 내고 종료했다는 소식이 마린에도 전해졌다. 마린 연구진은 선조위 종합보고서에 대한 한국 내 반응과 추가 논의를 궁금해했다. 자신들이 한 모형시험의 결과가 세월호 침몰 원인을 규명하는 데 기여했기를 바라는 마음이었다. 주변의 한국인들을 통해 세월호에 대한 한국 언론 기사를 접하기도 했다. 그러나 선조위에서는 마린 쪽에 선조위 종합보고서를 보내주지도 못했다. 종합보고서가 최종 편집과 인쇄를 마쳤을 때는 선조위가 이미 해산된 뒤였기 때문이다.

네덜란드에 있던 이들이 직접 읽을 수는 없었겠지만, 마린의 분석과 결론에 대한 선조위 내 상반된 견해는 양쪽 보고서에서 마린을 언급하는 표현에서도 드러났다. '내인설' 보고서는 선조위가 마린을 세월호 조사 파트너로 선정한 것이 "어렵고 복잡한 분석을 할 수 있는 실력과 경험을 높이 샀기 때문"이라고 말하는 반면, '열린안' 보고서는 "마린이 모형시험을 잘 수행하는 업체이고, 선정을 고려한 3개의 업체

2018년 5월 31일 마린 연구진이 선체조사위원회 조사관들과 함께
세월호 내부를 둘러보고 있다. (사진 촬영: 전치형)

중 조사 기한 내 시험 일정이 가능했었기 때문"이라고 말한
다. 이 중 후자는 마린을 고객이 주문한 대로 모형시험을 해
주는 업체로 여기고 있다.

그러나 선조위 내 양쪽이 마린의 지위를 어떻게 보았는
지는 그다지 중요하지 않았다. 애초에 세월호 모형시험을 의
뢰했던 선조위는 2018년 8월에 사라졌지만 마린은 세월호
를 놓지 않았다. 오히려 지난해 여름 무렵부터 세월호 모형
시험 결과를 정리해서 논문으로 발표하기 위해 준비했다. 그

렇게 해서 나온 것이 이번 왕립조선학회 여객선 안전 분과에서 발표한 또 한 편의 논문 「세월호의 전복과 침수」다. 마린의 세월호 모형시험 프로젝트 책임자였던 헹크 판덴붐이 직접 논문 발표를 맡았다. 판덴붐 외에도 당시 선회와 횡경사 시험을 담당했던 페라리, 침수와 침몰 시험을 담당했던 리너르트 판바스턴 바텐뷔르흐, 그리고 선조위 조사관으로서 마린의 모형시험을 함께 진행했던 서승택 씨가 공저자로 참여했다.

　　「세월호의 전복과 침수」에서 마린은 세월호 외력 가설에 대한 자신들의 분석을 더욱 명확하게 제시했다. "(모형배에 외력을 전달하기 위한 장치인) 윈치에 가해지는 힘의 크기, 방향, 지속 시간을 어떻게 조합해도 선체조사위원회의 외력 검증 티에프가 선박 자동식별장치AIS의 선수 방위각 원자료에서 도출한 높은 선회율을 얻을 수 없었으므로, 그처럼 높은 선회율을 유발한 외력이 있었다는 가설은 기각되었다." 마린이 이번 논문의 결론에 쓴 문장이다. 세월호에 외력이 가해지는 상황을 구현하기 위해 모형배에 여러 가지 조건으로 힘을 가해 보았지만 선조위 일각에서 외력을 의심했던 만큼 배가 빠르게 선회하는 결과는 나오지 않았다는 것이다. 즉 마린은 2018년 모형시험 결과를 직접 분석하고 해석하여 외력 가설을 '기각'한다는 결론을 내렸다.

실은 이와 유사한 문장이 2018년 7월 말 마린이 선조위에 제출했던 추가 모형시험 '예비보고서'의 결론에 들어 있었다. 그러나 선조위의 검토 의견을 받은 다음 일주일 뒤 마린이 제출한 '최종보고서'에는 외력 가설을 기각할 수 있다는 명시적인 문장이 빠졌다. 따라서 마린 보고서를 인용하여 작성한 선조위의 최종보고서(내인설)에도 '외력 가설 기각' 같은 확실한 표현은 사용되지 못했다. 이번 논문에서 마린 연구진은 2년 전 예비보고서에 있던 문장을 다시 불러냄으로써 자신들의 해석을 재확인했다. 학회 발표 직후 이메일 질의에 응답하면서 마린 연구진은 세월호 외력의 존재에 대한 가설을 기각하는 자신들의 결론을 "전적으로 확신한다"고 말했다. 2년 전과 동일한 입장이다.

세월호의 침몰과 외력의 존재 가능성에 대한 마린의 설명은 사실 2018년 여름 선조위에서 토론하고 검증하고 정리했어야 할 사안이다. 그러나 선조위는 8월 초 활동 종료 직전까지 방대한 조사 내용을 차분하게 검토할 여유가 없는 상태에서 논쟁을 거듭하다가 '내인설'과 '열린안'을 지지하는 두 그룹으로 나뉘고 말았다. 둘로 갈라져 나온 종합보고서는 관련 학계의 공개적인 검증을 받은 적이 없다. 이번에 마린이 영어로 발표한 논문은 세월호에 대한 과학적 공식 조사

세월호학을 위하여

결과를 국제 학계가 본격적으로 논의할 수 있는 통로를 열어 주었다는 의미가 있다.

9929번, 9930번 그리고 9974번

선조위가 하나의 결론을 내지 못하고 종료했던 2018년 8월, 마린 연구진은 또 하나의 모형시험을 진행하고 있었다. 시험 대상은 마린 9974번 모형배였다. 마린 연구진은 여러 주에 걸쳐 모형을 만들고 계측 장치를 설치한 다음 사흘 동안 모형시험을 실시했다. 이 9974번 모형배로 실시한 시험 데이터를 분석한 결과가 이번에 페라리가 발표한 '선회 중 횡경사 각도와 승객 안전' 논문에 담겼다. 즉 세월호에서 출발해서 여객선 안전 일반으로 나아가는 연결고리가 바로 9974번 모형배다.

선조위의 의뢰를 받아 제작했던 9929번, 9930번 모형배와 달리, 마린은 9974번 모형배를 자체 연구개발 예산으로 만들었다. 모형배 하나를 만드는 데에는 보통 2500만원에서 5천만원 정도가 든다. 페라리는 마린이 매년 예산 일부를 선박 안전과 효율을 증진하기 위한 자체 연구에 사용한다

2018년 여름 마린 해양연구소가 여객선의 선회 중 횡경사 각도
연구를 위해 자체 제작한 9974번 모형배. (사진 제공: 마린)

고 설명했다. 마린이 세월호의 사례를 확장해서 여객선 안전
규정 문제를 다루는 것을 적극적으로 자신들의 의제로 삼았
음을 알 수 있다. 새 모형배를 가지고 마린은 무엇을 확인하
려 했던 것일까.

2008년에 채택된 국제해사기구IMO의 여객선 비손상
복원성 규정은 몇 가지 배의 특성으로부터 선회 중 횡경사
각도를 계산하는 공식을 제시하고 있다. 이 공식으로 계산한
값이 10도를 넘지 않아야 한다. 모형시험에 사용된 복원성
범위에서 세월호는 이 공식에 의한 조건을 만족하지 못하는

세월호학을 위하여

상태였고, 따라서 사고 당시 세월호가 10도 이상 기울었다는 사실 자체는 놀랍지 않았다. 그러나 모형시험을 통해 잔잔한 바다에서 외부 충격 없이 항해하던 세월호가 화물이 움직일 정도인 18도 이상으로 크게 기운 것을 관찰한 마린 연구진은 이를 심각하게 받아들였다. 횡경사의 최대값을 확실하게 제한하지 않으면 치명적인 결과를 낳을 수 있음을 또 한번 확인했기 때문이다. 특히 많은 국가들이 기상 상태가 좋을 경우 화물 고박 규정을 완화한다는 점을 고려하면, 위험한 화물 이동을 막기 위해서라도 선회 중 최대 횡경사 각도를 더 적극적으로 관리해야 한다.

이번에 발표한 논문에서 마린 연구진은 현재 국제해사기구 규정에 들어 있는 공식이 실제 바다에서 배가 선회할 때의 최대 횡경사 각도를 제한하는 데에 실효가 없다는 사실을 밝혀냈다. 공식에 배의 설계 수치나 속력이 들어가지만 실제 선회 중 배에 가해지는 동역학적 힘이 제대로 고려되지 않기 때문에, 공식을 만족한다고 해도 최대 횡경사가 안전한 범위에 있을지 보장할 수 없다는 것이다. 이미 마린은 오랜 모형시험과 해상 시운전 경험을 통해 현행 공식을 만족하도록 설계된 배인데도 실제로는 위험한 각도까지 기울어지는 사례를 많이 알고 있었다. 200건 이상의 여객선 모형시험과 시운전 데이터베이스에는 선회 중 최대 횡경사가 10도, 15도, 20도를 넘는 사례가 상당수 있었던 것이다.

이는 사실 관련 분야 전문가들이 오랫동안 인지하고 있던 문제다. 이 문제가 공식적으로 제기되어 2011년에서 2015년까지 국제해사기구의 위원회가 논의했지만, 당시에는 추가 연구가 더 필요하다는 결론을 내렸을 뿐 규정 개정은 이루어지지 않았다. 국제해사기구에 규정 개정의 필요성을 충분히 설득하기 위해서는 데이터와 논리가 강화되어야 했다. 세월호 참사는 이와 같은 이론적 근거를 마련하는 일에 현실적 절박함을 더해주었다.

마린의 9974번 모형배는 바로 이런 배경에서 탄생했다. 9929번 세월호 모형도 여객선의 선회 중 횡경사에 대한 데이터를 줄 수 있겠지만, 규정 개정을 제안하려면 좀 더 대표성 있는 여객선 모형이 필요했다. 요즘의 여객선 디자인을 대표할 수 있도록 만든 9974번 모형은 길이 190m, 너비 30m짜리 여객선을 가정하고 있다. 마린은 9974번 모형을 가지고 세월호 시험 때와 비슷하게 복원성, 속력, 타각 등을 바꿔가면서 배가 선회할 때 기우는 각도를 측정했다. 모형배는 현행 규정의 공식을 만족하도록 설계되었지만 때로는 평범한 운항 조건에서도 20도 넘게 기우는 모습을 보여주었

다. 세월호에서처럼 큰 사고로 이어질 수도 있는 경우라고
할 수 있다.

"누구도 이의 제기 않을 것"

무엇을 어떻게 바꾸어야 할까? 논문에서 마린 연구진은 현
재 공식을 통해서는 실제 바다에서 배가 최대로 기우는 각도
를 확인하기 어려우므로, 물리적으로 승객이 균형을 잃는 각
도에 가까운 15도를 확실한 기준으로 삼고 이를 확인할 수
있는 새 공식을 채택할 것을 제안하고 있다. 이 제안의 핵심
은 여객선이 절대 승객이 균형을 잃고 넘어지거나 화물이 움
직이는 위험한 각도까지 기우는 일이 없도록 하자는 것이다.
마린은 평상시는 물론 예상치 못한 긴급 상황에서 여객선이
빠르게 선회하는 경우에도 치명적인 결과를 낳을 수 있는 횡
경사를 막아야 한다고 믿는다. 논문의 저자들은 배를 설계할
때 사용할 새 공식을 제안하면서, 이와 함께 배를 새로 건조
하거나 개조한 뒤 바다에서 실제 횡경사를 측정하도록 하는

규정을 추가하자고 촉구하고 있다.

페라리는 국제해사기구의 현재 규정을 충분히 신뢰할 수 없으므로 이를 개정해야 한다고 강하게 권고하는 것으로 논문 발표를 마무리했다. 페라리의 발표 슬라이드 마지막 장은 다시 9929번 세월호 모형이 선회하면서 옆으로 기운 사진들로 채워져 있었다. 논문의 공저자인 판덴봄은 마린이 제안한 새 공식에서 기준으로 삼는 횡경사 15도에는 세월호에서 최초 화물 이동이 발생한 18도보다 작은 각도라는 의미도 있다고 덧붙였다. 국제해사기구 규정 개정을 위한 연구가 세월호로 시작해서 세월호로 돌아가고 있었다.

발표가 끝나고 진행한 질의응답 시간에 영국 왕립조선학회의 사무총장 트레버 블레이클리가 마지막으로 발언했다. "오늘 이 방에 있는 어느 누구도 규정에 변화가 필요하다는 당신의 결론에 이의를 제기하지 않을 것입니다." 그러나 그는 국제해사기구가 이 결론을 받아들이도록 어떻게 설득할 수 있겠느냐고 물었다. 페라리는 마린이 이미 국제해사기구에 참여하는 네덜란드 정부 대표단과 협의를 진행하고 있으며, 네덜란드 정부를 통해 국제해사기구의 해양안전위원회에 개정안을 공식적으로 제출할 예정이라고 답했다. 블레이클리는 "왕립조선학회는 분명히 그것을 지지할 것"이라고 말했다. 왕립조선학회는 국제해사기구에 비정부기구 자격으로 참여하고 있다.

페라리가 대답한 대로 마린은 이번에 발표한 논문 외에도 국제해사기구에 공식적으로 제출할 개정안 초안을 마련해 놓았다. '2008년 비손상 복원성 규정의 선회 중 최대 횡경사 기준 개정을 위한 제안'이라는 제목의 초안 문서는 역시 이 연구가 세월호 침몰과 그 원인을 밝히기 위한 모형시험을 계기로 시작되었음을 명시하고 있다. 한반도 남서쪽 바다에서 발생한 비극적 사건이 전세계 바다를 다니는 여객선과 승객의 안전 문제로 연결되는 지점이다.

개정안이 먼저 유럽 국가들 사이에서 논의되는 데는 여러 달이, 또 국제해사기구의 모든 검토 단계를 통과하는 데는 여러 해가 걸릴 수도 있다. 국제 안전 규정 하나를 바꾸는 것은 그만큼 까다로운 일이다. 하지만 분명히 가능한 일이기도 하다. 1987년 카페리선 헤럴드 오브 프리 엔터프라이즈호 침몰로 193명이 사망한 이후 국제해사기구는 화물칸 등 침수 우려가 있는 공간의 문이 열려 있는지 표시하는 장치를 선교(선장이 배를 지휘하는 공간)에 설치하는 규정 등을 채택했다. 1994년 852명의 목숨을 앗아간 에스토니아호 침몰 사고 이후에도 여객선 복원성 규정 등이 바뀌었다.

마린이 준비하고 네덜란드 정부가 제출할 개정안이 채택되려면 왕립조선학회 같은 공신력 있는 기관을 비롯하여 여러 회원국 정부의 지지가 필요하다. 페라리는 세월호 참사를 겪은 한국 정부도 이 개정안을 지지해주기를 희망한다고 말했다. "우리는 그런 비극이 다시 발생하는 것을 막기 위해 힘을 합칠 수 있다"는 것이다. 마린의 작업을 통해 세월호는 배를 운항하는 모든 국가가 함께 막아내야 할 참사의 상징이 되어가고 있다. 페라리는 이렇게 덧붙였다. "지금 우리가 더 안전한 배를 만들려고 애쓰지 않는다면, 이는 세월호의 침몰과 그 이후의 모든 일들을 헛되게 하는 것이다." 한국 정부가 응답할 차례다.

"세월호 시련 다시 겪어선 안 돼"

마린은 왜 이렇게까지 하고 있을까. 그들은 왜 2년 전 한국의 선조위라는 고객의 요청으로 시작한 작업이 공식적으로 종료된 뒤에도 지금까지 세월호를 붙들고 있을까. 세월호는 그들에게 어떤 의미가 있을까.

조선공학자로 마린에서 40년 동안 근무한 판덴봄은 전

문가의 임무와 책임에 대해 말했다. "마린의 우리들은 세월호 참사의 원인을 찾는 조사에 기여하기 위해 최선을 다했다." 마린은 세월호에 대한 과학적 조사가 해양 안전은 물론 재난 이후에 필요한 정의의 실현에도 중요하다고 보았다. 90년 가까운 역사의 해양연구기관인 마린은 선박 관련 기업과 기관들의 의뢰를 받아 일할 때가 대부분이지만, 이와 함께 "더 안전하고, 더 지속가능하고, 더 나은 세계"를 만들기 위한 "사회적 책임"을 강조한다. 세월호 모형시험 결과를 얻은 마린이 곧 복원성 기준 개정을 위한 추가 실험에 착수한 것도 그 때문이다. 판덴봄은 "이 일에 참여한 것은 나에게 임무인 동시에 영광이었다"고 말했다.

판덴봄은 예전에도 비슷한 생각을 밝힌 적이 있다. 2018년 1월 말 세월호 모형시험 당시 『한겨레』와 한 인터뷰에서 그는 "세월호 참사의 원인을 철저히 밝히는 것은 한국을 넘어 세계의 여객선 안전을 위해 필요한 일"이라고 말했다. 과거 대형 선박 참사들 이후 국제해사기구가 관련 규정을 바꾸었듯이 "세월호 사고 원인이 명백해지면 더 안전한 여객선을 건조하기 위한 새로운 국제 규정이 생겨날 것"이라고 전망하기도 했다. 논문 발표와 국제해사기구 규정 개정안 마련 등 마린의 최근 작업을 보면, 당시 그의 인터뷰는 지나가듯 흘린 말이 아니라 하나의 약속이었던 것 같기도 하다. 판덴봄과 그의 동료들은 전문가로서, 프로로서 그 약속을 지키려 지금까지 애쓰고 있다.

"실패에서 배운다" "참사에서 교훈을 얻는다"라는 말은 너무나 교과서적이고 진부하기까지 하다. 그러나 그런 배움이 실제로 일어나는 경우는, 안타깝게도, 매우 드물다. 우리는 어쩌다 세월호와 인연을 맺게 된 유럽의 전문가들이 세월호의 교훈을 실천하기 위해 2년 넘게 일하는 모습을 목격하고 있다. 9929번과 9930번 모형에서 멈추지 않고 9974번 모형으로 나아간 마린의 행보가 반갑고, 앞으로의 결실이 궁금하다. 세월호 연구의 의미에 대해 페라리는 이렇게 답했다. "우리는 과거를 바꿀 수는 없지만, 과거에서 배움을 얻어 더 나은 미래를 만들 수 있다."

이번에 논문을 발표한 판덴봄과 페라리를 포함해서 마린 연구진은 2018년 세월호 모형시험 기간 내내 세월호를 상징하는 노란 리본을 달고 있었다. 그들은 지금도 마린의 연구와 활동이 세월호 가족들에게 하나의 위로가 되기를 바란다. 이메일 인터뷰에서 그들은 4월 16일이 다가오고 있음을 상기하며 가족들에게 다시 한번 애도의 메시지를 전했다. 그리고 희망과 다짐의 말도 잊지 않았다. "우리는 이 연구를 통해 더 안전한 선박을 향한 한 걸음을 내디딜 수 있기를 바란다. 그 누구도 세월호 가족들이 겪은 가혹한 시련을 다시 겪어서는 안 되기 때문이다."

세월호, 무엇을 어떻게
조사해야 하는가*

2018년 3월 29일 세월호 가족들은 2기 특조위, 즉 '사회적
참사 특별조사위원회' 앞에 모였다. 단원고 지상준 군 어머
니 강지은 씨가 자유한국당 추천을 받은 황전원 위원을 막아
섰다. 그리고 외치듯이 물었다. "무슨 기구예요, 특조위가!"
"무슨 기구인지 알고 들어오시는 거예요, 지금!" "무슨 마음
으로 여기에 계시는 거예요, 지금!" 가족들은 두 번째로 만
들어낸 특조위가 또 망가지는 것을 막고자 했다. 이어서 4월

---

* 이 글은 『한겨레』 2018년 4월 17일 자에 실린 특별기고문으로, 재난 연구자
인 스캇 게이브리얼 놀스 교수와 함께 썼다.

11일 유경근 4·16가족협의회 집행위원장은 황 위원의 사퇴를 촉구하며 삭발했다.

지난 2년간 세월호 참사 조사의 지형은 별로 변하지 않은 것인가? 2016년 여름 정부의 세월호 특조위 방해에 항의하며 이석태 위원장이 단식농성을 했던 것은 재난 조사의 역사에서 유례를 찾기 어려운 장면이다. 한국 현대사에서 가장 비참한 사건 중 하나의 진상을 규명하고 교훈을 얻으려는 시도는 정치적 수렁으로 빠져버렸다. 재난 조사가 또 하나의 재난이었다.

"무슨 기구예요, 특조위가!"라는 물음은 첫 번째 특조위에도 꼭 필요한 것이었다. 2017년 여름 1기 특조위의 몇몇 위원들과 조사관들을 인터뷰하면서 우리는 특조위의 운명이 어디서부터 잘못되었는지 이해하고자 했다. 17명의 위원들은 특조위의 근본적인 과제가 무엇인지에 대해서조차 합의할 수 없었다. 당시 여당의 추천을 받은 위원들은 특조위가 박근혜 대통령을 끌어내리려 한다고 의심했고, 특조위의 기본 과제는 검찰, 감사원, 해양안전심판원 등이 이미 내놓은 조사 결과를 검토하고 오류가 있으면 수정하는 일이라고 주장했다. 당시 야당과 가족의 추천을 받은 위원들은 기존 조사를 전혀 믿을 수 없으니 특조위가 참사의 모든 진상을 새로 규명해야 한다고 생각했다.

이런 극심한 대립은 특조위의 구성 원리를 설계할 때 예정된 것이었다. 위원들은 바깥의 정치적 대결 구도를 특조위 회의실 안에서 극복할 수 없었다. 구체적인 조사 계획을 수립하고 작은 의견 차이를 조정하기에도 바쁠 위원회가 거대한 세계관의 차이를 확인하는 자리가 되었다. 유가족과 여야 정당, 대법원, 대한변호사협회가 몫을 나누어 위원을 추천하는 제도는 '황금 비율'을 만들어 의사 결정을 돕는 대신 불신과 반목을 특조위 운영의 기본 조건으로 만들었다.

합의를 통해 자체적인 조사 계획을 수립하고 실천하기 어려운 환경에서, 특조위는 조사 신청이 들어온 사건들을 배당하여 조사하는 방식을 취했다. 이는 2000년대 초반 의문사진상규명위원회 등이 군사독재 시기 공권력에 의한 죽음의 진상을 밝히는 것과 유사한 접근이었다. 세월호는 이들 사건과 비슷한 면이 있지만, 개별 신청 사건을 해결하고 정리하는 방식은 세월호 참사의 전모를 밝히는 데에 적합하지 않았다. 특조위는 무슨 기구이며 무엇을 조사하는지에 대한 물음은 계속 남았다.

모든 여건이 좋은 경우에도 재난 조사는 항상 어렵다. 심지어 조사해야 할 재난이 정확히 무엇인지도 논쟁의 대상이 된다. 2001년 미국의 9·11은 어떤 사건이었는가? 비행기가 건물에 충돌하거나 추락한 사건, 즉 항공 시스템의 실패인가? 미국 정부의 테러방지 시스템의 실패인가? 세계무역센터의 불을 빨리 끄지 못해 건물이 무너지고 거기 갇힌 사람들이 희생된 사건, 즉 건축물 설계와 소방안전 시스템의 실패인가? 이 간단한 물음에 대해서도 모두가 동의하는 답은 아직 없다. 9·11 조사위원회는 이 중 마지막 사안을 다루지 않았고, 그 문제는 별도의 위원회를 꾸려 다루게 되었다. 사건의 성격을 정의하고 그에 따라 조사 대상과 방법을 결정하는 일 자체가 조사위원회의 주요 임무다.

'사회적 참사'에 특별조사가 필요한 것은 앞서 사건을 조사한 기관들을 불신하기 때문만은 아니다. 다수의 피해자가 복합적인 원인으로 오랜 고통을 겪는 '사회적 참사'는 통상적인 조사로 다 설명할 수 없다. 누가 법과 규정을 위반했는가, 누가 지시했는가, 누가 징계를 받고 감옥에 가야 하는가. 이런 질문들에 대한 답은 부당한 압력과 개입이 없다면 검찰이나 감사원이 대체로 잘할 수 있다. 정확히 무슨 일이 일어났는가, 어떻게 이런 일이 가능했는가, 무엇이 바뀌어야 하는가, 한국 사회는 무엇을 배워야 하는가. 사회적 참사 특조위가 제시해야 하는 것은 이런 질문들에 대한 답이다.

사회적 참사 특조위는 재난 조사의 역사, 그리고 세월호 1기 특조위와 선체조사위원회의 경험에서 무엇을 배울 수 있을까?

우선 내부 대화는 활발할수록 좋다. 사건의 정의와 범위에 대해 모두가 의견을 내어 토론하고 합의하는 시간을 만들어야 한다. '우리는 무엇을 조사하는가'를 계속 물어야 한다. 특조위가 모든 것을 조사하고 모든 것을 바꿀 수는 없다. 무엇을 조사하는지에 대한 초기 방향 설정이 명확하고 세밀하지 않으면, 조사 과정에서 발생하는 갈등을 조율하기 어렵고, 결국 "아무것도 밝혀지지 않았다"는 평가를 들을 수 있다.

'황금 비율'은 잘 작동하지 않는다. 1기 특조위는 입장이 크게 다른 주체들이 각각 위원을 추천하는 방식이 성공하기 어렵다는 점을 보여주었다. 이념적 균형이 조사의 효율과 공정성을 보장하지는 않는다. 위원회 구성 방식을 바꿀 수 없다면, 분쟁이 터졌을 때 조정할 수 있는 제도적, 인적 장치를 마련해야 한다.

다양한 전문성을 확보해야 한다. 사회적 참사는 과학, 공학, 사회과학, 법률, 의료, 언론 등 여러 분야의 지식과 경험을 결합하지 않으면 이해할 수 없다. 1기 세월호 특조위에 선박 및 항해 전문가가 참여하지 않은 것은 조사활동에 중요한 한계로 작용했다. 어떤 조사를 위해 어떤 전문가가 필요한지 파악하는 초기 단계가 특조위의 역량을 좌우한다.

설득력 있는 보고서를 내야 한다. 1기 특조위에 대한 조직적 방해는 결국 보고서 발간 실패라는 결과를 낳았다. '사회적 참사'의 보고서는 일반 시민의 관심을 끌 수 있는 문서가 되어야 한다. 미국의 9·11 조사위원회 보고서는 베스트셀러가 되었다. 재난 보고서는 참사의 원인을 공식적으로 확정하고, 정부와 기업의 잘못을 지적하고, 참사가 오랜 시간에 걸쳐 피해자와 가족에게 미친 영향을 기록해야 한다. 보고서가 모든 것을 담을 수는 없지만, 공적 기구로서 특조위가 내놓는 보고서는 하나의 중요한 매듭을 짓는 역할을 해야 한다.

좋은 재난 보고서는 다음 행동을 위한 근거가 된다. 평가가 엇갈릴 수 있지만, 9·11 조사보고서는 냉전 이후 가장 큰 미국 연방정부 조직인 국토안보부의 신설로 이어졌다. 이와 별도로 발간된 세계무역센터 붕괴에 대한 기술적 조사보고서는 고층건물 설계 기준을 바꾸었다. 세월호 선체조사위원회와 사회적 참사 특조위의 보고서도 생명과 안전을 향한 변화를 이끌 수 있다. 위원회의 역량과 정부의 의지가 함께 필요한 일이다.

무엇보다 우리는 공적인 재난 조사를 통해 한국 사회에 벌어진 비극을 공식적인 역사로 만들어 기억할 수 있다. 무슨 일이 있었는지, 무엇이 잘못되었는지 특조위가 공식적인 설명을 제시한다면, 우리는 문재인 대통령이 제주 4·3 희생자 추념식에서 한 일을 세월호 참사 앞에서도 할 수 있게 된다. 문 대통령은 "4·3의 진실은 어떤 세력도 부정할 수 없는 분명한 역사의 사실로 자리를 잡았다는 것을 선언"하고, 또 "4·3의 완전한 해결을 향해 흔들림 없이 나아갈 것을 약속" 했다. 세월호를 앞에 두고 우리는 아직 공식적인 선언과 약속을 하지 못했다.

재난은 쉽게 종결되지 않는다. 억울하게 가족을 잃은 이에게 '완전한 해결'이란 없다. 다만 철저하게 조사하고, 깊이 있게 반성하고, 진실되게 약속하는 과정이 피해자와 가족에게 다소나마 위로가 되기를 바랄 뿐이다. 또 그 과정을 통해 우리 모두는 조금 더 안전해지고, 조금 더 성숙하고, 국가를 조금 더 신뢰하게 될 수도 있을 것이다. 재난을 겪고서야 무엇을 배운다는 것은 슬픈 일이다. 재난을 겪고서도 배우지 못하는 것은 더 슬픈 일이다.

세월호학을 위하여

5장

과학자는 누구인가

과학이라는 교양

"과학은 교양이다." 요즘 주목받고 있는 과학 칼럼 모음집 『김상욱의 과학공부』 서문에서 물리학자 김상욱 교수는 이렇게 주장한다. 과학을 이 시대의 교양으로 삼아야 하는 이유는 분명해 보인다. "황우석, 새만금, 4대강, 광우병, 지구온난화, 신종 인플루엔자, 천안함, 원전, 메르스, 가습기 살균제. 이들은 우리 사회 주요 사건들의 키워드이다. 이들은 모두 과학 지식을 바탕으로 한다는 공통점을 가지고 있다." 과학을 빼고서는 현대사회의 어떤 문제도 이해하거나 해결할수 없고, 그래서 한국 사회에 과학이라는 교양이 절실하게 필요하다는 것이다. 오늘날 과학의 힘과 중요성을 부인할 사람은 아무도 없다. 그런데도 김 교수를 포함한 여러 과학자들은 왜 "과학은 교양"이라고 애써 주장해야만 하는가? 다시 말해서 과학은 왜 교양이 아니게 되었는가?

과학이 교양에서 멀어진 것은 시민들이 과학 공부를 게을리하기 때문이 아니다. 그것은 오히려 과학의 눈부신 발전의 결과이자 징표였다. 20세기 이후 과학은 점점 세분되고 전문화되어, 극소수의 전공자만이 제대로 이해할 수 있는 것이 되었다. 과학사학자 시어도어 포터 교수는 이런 변화를 "과학이 테크니컬해졌다"고 표현했다. 여기서 '테크니컬'이란 단지 내용이 복잡하고 어렵다는 뜻이 아니다. 과학의 본질이 비전문가는 도저히 접근할 수 없는 '기술적인 것'을 다루는 일에 있으며, 그 공고한 영역 밖을 기웃거리면서 가치를 해석하고 판단하는 것은 과학자의 임무가 아니라는 생각이 담겨 있다. 과학의 '객관성', '가치중립성' 같은 말들이 이런 선 긋기를 뒷받침해왔다. 기술적인 영역에서 성과를 내기만 한다면 과학자는 다른 일에 무관심해도 괜찮았다. 과학은 점차 우리는 누구이고, 어떻게 살아야 하고, 어떤 사회를 만들어야 하는지 궁리하는 일에 관여하지 않게 되었다. 과학은 과학자의 것이 되었다.

그러나 포터 교수가 지적했듯이 '가치중립'의 구호를

내건 과학은 실제로는 주로 정부가 요구하는 데이터와 실적을 충실히 제공하는 역할을 맡았다. 시스템 안에서 전문성과 지위를 인정받았지만, 시스템 자체의 원칙과 방향을 설정하는 일에서는 배제되었다. 정치인과 관료는 "기술적인 부분은 전문가들이 알아서 할 일"이라고 하고, 과학자는 "우리는 기술적인 부분만 다루기 때문에 나머지는 정부가 판단할 일"이라며 서로 책임을 떠넘기는 가운데 과학의 자리는 더 좁아졌다. 특히 한국에서 과학자는 '가치중립'이라는 명분 아래 국가가 설정한 경제적 가치 이외의 다른 가치에 무관심할 것을 요구받았다. 국가에서 부여하는 가치가 곧 과학의 가치였다.

2016년의 한국에서 "과학은 교양이다"라는 선언은 어정쩡한 '가치중립성'의 틀을 흔들어보려는 과학자들의 시도라고 해석할 수도 있다. 과학의 가치를 '테크니컬'한 전문 영역 안에 가두어두지 않고, 국가가 설정한 단일한 가치를 그대로 받아들이지 않겠다는 것이다. 과학이 교양이라는 주장은 과학 지식이 개별 과학 분과를 발전시키고, 과학자의 취직과 승진에 도움을 주고, 특허나 창업을 통해 이윤을 만들어내는 등의 기능 외에, 시민들의 정치적 의식, 사회적 행동, 도덕적 감수성을 형성하는 역할을 맡을 수 있다는 말이다.

과학에서 얻은 지식과 태도를 가지고 이 사회에서 무엇이 중요한지를 더 잘 분별하고, 그것을 어떻게 성취해야 할지를 더 잘 결정하자는 제안이다. 과학을 교양으로 삼자고 말할 때 과학자는 과학이 공동의 사회적 가치를 추구하는 데에 이바지할 수 있으며 자신이 그 가치를 대변할 수 있다고 나서는 것이다. 교양이 된 과학은 더 넓은 자리에서 더 큰 책임을 맡을 수 있다.

과학이 시민 모두의 교양으로 삼을 만한 가치가 있으면서 동시에 가치중립적일 수는 없다. 교양은 가치중립적인 정보의 집합이 아니다. 한 사회가 중요하게 여기는 가치가 쌓여서 표출되는 것이다. 교양은 단지 전문 지식을 쉽게 풀어서 습득하는 것이 아니라 그 지식을 밑천으로 하여 가치 있는 사회적 삶을 꾸려나가는 경험을 통해서 축적되고 확장된다. 4대강과 원전에서 인공지능과 기후변화까지, 과학의 문제를 푸는 것은 곧 한국 사회가 지향하는 가치를 표현하고 실천하는 일이다. '테크니컬'한 과학만으로는 이 문제들을 해결할 수 없다. '가치를 품은 과학'이라는 교양이 필요하다.

최근 몇 년 동안 과학을 시민의 필수 교양으로 삼아야 한다는 인식은 놀랄 만큼 널리 퍼졌다. 책, 강연, 팟캐스트, 유튜브 등 과학자가 아닌 사람들이 과학을 편하게 접할 수 있는 통로가 많아졌다. 이제 과학은 알아두면 '쓸 데 있는' 지식이 되었다. 시민과 접촉하는 면을 꾸준히 늘려온 과학자들의 공이다. 그러나 세련되게 또 감동적으로 잘 만들어진 과학 콘텐츠가 늘어가는 가운데 모든 과학이 교양의 지위를 획득하는 것은 아니다. 이른바 '가치중립적'으로 보이는 과학 분야가 교양의 영역으로 적극적으로 편입되는 반면, 정치적으로 민감하거나 문화적으로 낯선 내용의 과학은 교양의 바깥에서 여전히 고전하고 있다. 우리를 세련된 교양인으로 만들어주는 과학과 우리를 정치적·문화적 논쟁의 장으로 끌고들어가는 과학은 서로 분리되어 있다. 이러한 분리는 한국 사회에서 과학의 자리가 어디인지 가늠해볼 수 있는 단서가 된다.

과학자와 피아니스트

2016년 6월 이탈리아의 작곡가이자 피아니스트인 루도비코 에이나우디는 북극해에 작은 판 하나를 띄워 피아노를 설치하고 그 앞에 앉았다. 뒤로는 노르웨이의 빙하가 무대장치처럼 펼쳐져 있었다. 예순 살의 피아니스트는 자작곡 〈북극을 위한 엘레지〉를 연주하기 시작했다. 맑고 슬픈 피아노 소리 사이로 북극의 바람소리가 들리더니 피아노 뒤편에서 얼음벽 일부가 스르르 무너지는 모습이 카메라에 잡혔다. 영상 마지막에는 "북극을 지켜주세요"라는 자막이 지나갔다. 에이나우디는 북극해 일부를 보호구역으로 지정하는 의제를 다루는 오스파 위원회OSPAR Commission의 개최에 맞추어 국제 환경단체 그린피스와 함께 이 연주를 기획했다.

8월에는 영국의 물리학자이자 과학 프로그램 해설자로 유명한 브라이언 콕스가 오스트레일리아의 텔레비전 방송에서 한 정치인과 나란히 앉았다. 그 정치인은 인간 활동에 의한 기후변화에 관해 과학계의 "절대적인 의견 일치"가 있다는 콕스의 말을 받아들이지 않았다. 그는 콕스에게 과학자라면 '의견 일치'를 들먹일 게 아니라 증거를 대야 한다고 공격했다. 그러자 콕스는 종이 한 장을 들어보이며 이렇게 말했다. "제가 그래프를 가져왔습니다." 그 순간 청중은 박수를 치며 환호했다. 그래프에는 지구 온도 변화 추이를 보여주는 데이터들이 잔뜩 찍혀 있었다. 콕스는 지구 전체가 내려앉은 종이 한 장을 손에 들고서 정치인의 현란한 말과 겨루고 있었다. 마치 "지구의 말을 들어라"라고 호소하는 듯했다.

과학자와 피아니스트에게는 비슷한 힘이 있다. 멀리 있는 것들이 내는 작은 신호를 감지하고 증폭하여 우리 앞에 가져다주는 능력이다. 우리의 눈과 귀를 북극해에 붙들어둔 에이나우디의 피아노 연주는 북극을 위한 엘레지면서 또 웅변이었다. 콕스가 꺼내든 그래프는 곧 과학자들의 성명서였다. 과학자들은 거기에 관측값을 표시하는 점을 하나 찍는 것으로 서명을 대신했다. 고작 그래프 하나가 억지 부리는 정치인을 머쓱하게 만들 수 있는 것은 그 점 하나하나마다 고단한 관측과 모델링과 계산과 검증의 무게가 얹혀 있기 때문이다. 이렇게 과학자와 피아니스트는 각자의 방식으로 '지구 민심'을 수집해서 전달한다. 말 못하는 지구를 대신해서 이들이 들려주는 지구의 민심은 흉흉하다.

북극에서 얼음벽이 무너지듯 한국에서는 4대강이 무너지고 있다. 올해(2016년) 추석에도 '4대강 민심'은 위태로운 지경이었다. 그런데도 변화의 조짐은 잘 보이지 않는다. 짙은 녹색의 강물 사진은 어느덧 익숙해졌고, 식수원 오염을 걱정하는 목소리도 스쳐지나갈 뿐이다. 이것이 4대강 사업 때문은 아니라는 일부 정치인들의 주장도 여전하다. 북극보다 더 멀리 있는 것처럼 느껴지는 금강과 낙동강을 눈앞으로 당겨오려면 무엇을 해야 할까? 말 못하는 강들을 대신해서 누가 말할 것인가? 유명한 음악가가 초록빛 금강에 투명 카약을 타고 들어가 엘레지를 연주할 수도 있겠다. 인기 아이돌 그룹이 초록빛 낙동강에 두 발을 담근 채 노래하고 춤추면 효과가 더 좋을 것이다.

하지만 더 절실히 필요한 건 과학의 힘이다. '녹조라떼'와 함께 한 장의 그래프를 들이밀며 '4대강 민심'을 전할 수 있는 과학자들이다. 다행히도 소수의 과학자들이 강들과 강의 생물들을 고단하게 관찰하고 기록하고 있다. 4대강의 데이터로 서명한 그래프 성명서를 준비하는 셈이다. 오마이뉴스, 환경운동연합, 대한하천학회, 불교환경연대가 캠페인을 벌이고 있는 '4대강 청문회'가 성사될지는 알 수 없지만, 만약 청문회가 열린다면 이 과학자들이 제일 중요한 진술을 맡아야 한다. 청문회와 별도로 국립현대미술관이나 국립중앙과학관에서 '4대강 전시회'를 열어 과학자들이 예술가들과 함께 4대강을 우리 눈앞에 펼쳐보여도 좋겠다. 엘레지와 데이터의 결합, 우리가 그토록 찾던 과학과 예술 융합의 모범적인 사례가 될 것이다.

과학에는 국경이 있다. 4대강 과학은 한국에 가장 필요하고, 여기 있는 과학자가 가장 잘할 수 있는 과학이다. 상실의 현장을 감싸는 엘레지 연주처럼, 지금 그리고 여기를 놓치면 할 수 없는 과학이다. 아마도 노벨상과는 관계가 없고 4차 산업혁명에도 기여하지 못하겠지만, 이곳의 공기와 물과 땅(속)을 보고 듣고 지키는 과학을 포기하지 말아야 한다. 그것이 얼마나 중요한지 미세먼지, 녹조, 지진을 겪으며 모두 온몸으로 느끼지 않았던가.

**

4대강 청문회는 아직 성사되지 못했다. 감사원이 네 차례에 걸쳐 사업 추진 과정에 대한 감사를 실시했고, 4대강 사업을 주도한 대통령은 결국 기소되어 재판을 받고 있지만, 4대강이 현재의 상태로 바뀌는 데에 과학이 어떤 역할을 했는지는 상세히 밝혀지지 않았다. 따라서 4대강을 다시 살리는 데에 과학이 무슨 일을 할 수 있는지도 제대로 논의되지 못했다. "과학에는 국경이 있다"고 쓴 것은 과학적 사실이나 법칙의 보편성을 부정하기 위해서가 아니라, 누구의 눈치도 보지 않고 사실과 법칙을 추구하는 과학자들이 자신이 속한 공동체 안에서 수행할 수 있는 과학의 지역성, 구체성, 현재성을 강조하기 위해서다. 지금 한국에는 '4대강 과학'에 대한 관심과 지지가 필요하다.

개기일식과 혐오

2017년 8월 22일 화요일에 『뉴욕타임즈』 온라인판의 아침 뉴스 브리핑이 뽑은 주제어는 "아프가니스탄, 일식, 샬러츠빌"이었다. 하루 전인 21일 낮에는 미국 곳곳에서 사람들이 모여 달이 해를 완전히 가리는 개기일식을 보며 경탄했다. 트럼프 대통령도 백악관 발코니에서 일식을 보았다. 그날 저녁에는 트럼프 대통령이 기존의 입장을 바꾸어 16년 가까이 전쟁이 계속된 아프가니스탄에 추가 병력을 파견하겠다고 발표했다. 밤늦게까지 열린 버지니아주 샬러츠빌 시의회 회의는 8월 11일과 12일에 있었던 백인 우월주의자들의 폭력 시위 문제로 몹시 혼란스러웠다. 하루치 주요 뉴스에 일식과 전쟁과 인종주의가 모두 있었다.

　1919년의 개기일식에도 일식과 전쟁과 인종주의는 얽혀 있었다. 이때 아서 에딩턴이 이끄는 영국 탐험대는 서아프리카와 브라질로 가서 개기일식을 관측하여, 그보다 몇 년 전 발표된 아인슈타인의 일반상대성이론을 검증했다. 이것으로 아인슈타인은 과학계에서만이 아니라 전 세계 대중에게도 유명한 인물이 되었다. 이번 일식을 앞두고 나온 『워싱턴 포스트』 기사에서 과학사학자 히메나 카날레스는 당시 유럽인들이 눈앞의 비참한 현실이 아닌 새로운 소식에 목말라 있었다고 말했다. 개기일식과 상대성이론은 제1차 세계대전으로 황폐해진 유럽에 작은 위안이 되었던 것이다. 하지만 유럽이 또다시 위기를 겪기 시작하던 1933년에 아인슈타인은 독일 나치의 인종주의, 특히 유대인 과학자 박해를 피해 미국으로 건너갔다. 이후 그는 나치에 맞서고 세계 평화를 촉구하는 일에 발 벗고 나섰다.

　아인슈타인을 유명하게 만든 일식과 아인슈타인을 밀어냈던 인종주의가 샬러츠빌에서 다시 만났다. 샬러츠빌에 모인 백인 우월주의자들은 "너희는 우리를 대체하지 못해" "유대인은 우리를 대체하지 못해" 같은 구호를 외쳤다. 이에 맞서 거리로 나온 이들은 "나치는 안 돼. KKK도 안 돼"라고 응수했다. 트럼프 대통령은 인종혐오에 대한 명확한 반대 입장을 표명하는 대신 인종주의자들과 그 반대편을 모두 탓하는 발언을 해서 심한 비판을 받았다.

인종주의자들이 준 충격이 채 가시지 않은 샬러츠빌에서도 어김없이 일식은 일어났다. 샬러츠빌에서 보이는 부분일식은 8월 21일 오후 1시 15분에 시작해서 2시 41분에 태양 지름의 88퍼센트를 가리면서 절정을 이루었다가 4시 1분에 끝났다. 지역 도서관은 일식 관찰용 안경을 나눠주고 일식 관측 파티를 벌였다. 샬러츠빌에 있는 버지니아 대학에서 물리학과 천문학을 공부하는 학생들도 관측 행사를 준비했다. 그러나 샬럿츠빌의 일식이 이 지역의 깊게 패인 상처를 치유해주었는지는 의문이다.

1919년의 개기일식이 '아인슈타인의 일식'이었다면 안타깝게도 2017년의 개기일식은 트럼프의 이름과 함께 기억될 것이다. 이번 주에 설레는 마음으로 일식을 직접 보러 미국에 간 한국 과학자와 시민들은 단지 드문 자연현상이 일어나는 현장이 아니라 차별과 혐오의 언어가 분출하는 국가로 들어간 것이다. 일식 여행자들은 대체로 환대를 받았겠지만, 앞으로 미국에 입국하는 사람은 샬러츠빌의 시위대가 "너희는 우리를 대체할 수 없어"라고 외쳤을 때의 '너희'에 언제라도 포함될 수 있다. 일식을 좇아간 과학자가 혐오를 맞닥뜨리는 것은 과학과 정치 모두의 불행이다.

언제나 그랬듯 희망은 있다. 샬러츠빌 사태 일주일 후인 동시에 개기일식 이틀 전이었던 토요일, 보스턴에서는 인종주의에 반대하는 시위자들이 인종주의자들을 압도했다. 다음 주에 보스턴에서 열리는 '과학과 사회' 주제의 학회에 참석하러 미국행 비행기를 타야 하는 나는 다소 안도했다. 아인슈타인의 과학과 생애, 과학과 인종주의, 과학과 전쟁을 연구하는 학자들이 모두 올 수 있는 학회. 학회를 주관하는 사람들은 외국에서 오는 학자들을 위해 보스턴공항 국제선 터미널 앞에서 '환영 시위'를 벌일 것이라고 한다. 과학자는 혐오를 피해서 움직일 뿐 아니라 혐오를 뚫고서 움직인다.

일식 다음 날은 버지니아 대학의 가을학기 개강일이었다. 인종주의 시위와 일식을 겪은 학생들이 학교로 돌아왔다. 시위 직후 100명에 가까운 이 대학 교수와 조교 들이 모여 개강 후에 이 사태를 학생들과 어떻게 토론할 것인지 논의했다. 버지니아 대학 학생들은 일식과 상대성이론을 배우고, 남북전쟁의 역사를 배우고, 인종주의에 대해서 배울 것이다. 과학 공부, 역사 공부, 정치 공부가 엮이면 혐오를 몰아내는 힘이 된다. 다음 일식 때까지 우리는 더 많이 알고, 더 많이 말하고, 더 강해질 것이다.

**

과학은 전쟁과 혐오의 역사에서 멀리 떨어져 있지 않다. 과학은 그 역사로부터 피해를 입기도 했고, 도움을 얻기도 했다. 과학은 전쟁을 계기로 빠르게 발달하기도 했고, 과학자들이 전쟁 반대에 앞장서기도 했다. 과학은 혐오를 정당화시켜주기도 했고, 혐오를 막아내는 데에 기여하기도 했다. 트럼프가 대통령으로 있는 미국에서 인종주의가 활개치고 과학이 위축되는 것도 그러한 역사의 연장이다. 국가와 지역의 경계를 넘는 과학자들을 환대하는 것과 혐오에 대항하는 환대의 과학을 수행하는 것 모두 트럼프 시대의 중요한 과제가 되었다.

사람의 자리

'네이처'와 역사

과학 저널 『네이처』의 2017년 9월 7일 자 사설을 두고 크게 논란이 일었다. 「역사적 인물의 동상을 철거하는 것은 역사를 덮어 버릴 위험이 있다」는 제목의 사설이었다. 사설이 인용한 중요한 사례는 미국 뉴욕 센트럴파크에 있는 19세기의 부인과 의사 제임스 매리언 심스의 동상이었다. 심스는 '미국 부인과학의 아버지'라고 불릴 정도로 유명한 의사지만, 역사학자들은 새로운 수술 방법을 실험하기 위해 여성 노예들을 마취 없이 시술했던 그의 행위를 지적해왔다. 실험 대상이 노예였으니 당사자의 동의를 받는 일도 없었다. 『네이처』 사설은 논란이 되는 과학자들의 동상을 철거하는 대신 그런 논란이 있다는 안내판을 덧붙이거나 피해자를 위한 기념물을 따로 세워서 역사를 기억하자고 제안했다.

사설이 출판되자마자 여러 과학자와 역사학자가 이를 강하게 비판했다. 심스의 동상을 그냥 두는 것은 그의 비윤리적인 연구와 의료 행위로 피해를 본 흑인 여성 노예들의 존재를 지우고, 그에게 합당하지 않은 명예를 부여한다는 지적이었다. 조지아 공대의 킴 코브는 『네이처』에 보낸 독자 편지에서 그 사설이 "과학에, 또 권위 있는 기관들의 지원이 필요한 과학 주변부의 소수자 과학자들에게 큰 피해를 입혔다"고 성토했다. 캘거리 대학의 헤일리 베키아렐리는 『네이처』가 사설을 철회해야 하고, 그와 함께 왜 그 사설이 과학계와 사회 전반의 백인 우월주의를 심화시키는지 설명하는 글을 실어야 한다고 주장했다. 국제적으로 가장 영향력 있는 과학 저널이 역사·인종·젠더 논쟁의 대상이 되었다.

불과 한 달 전 미국 버지니아주 샬러츠빌에서 백인 우월주의자들이 벌인 폭력 시위가 남북전쟁 당시 남부군 사령관이었던 로버트 리의 동상 철거 문제에서 촉발되었다는 사실도 『네이처』 사설에 대한 격렬한 반응에 일조했다. 온라인 과학 언론 『언다크』는 트위터에서 한 천체물리학자가 "백인 우월주의자들이 사람들을 죽이고 협박하고 있는 때에 왜 꼭

이 사설을 써야만 했는지 이해하기가 어렵다"고 말한 것을 인용 보도했다. 신경과학 전공 박사과정의 한 학생은 "과학에 구조적인 인종주의가 있다는 말을 이제는 사람들이 아마 믿을 것이다"라고 했다. 『네이처』 사설은 과학의 과거와 현재, 안과 밖을 연결하는 뿌리 깊은 문제를 건드렸던 것이다.

『네이처』는 이 논란을 쉽게 덮으려고 하지는 않았다. 사설이 나간 직후인 9월 14일 자와 21일 자 잡지에서 『네이처』는 독자들의 비판을 소개했다. 편집장 필립 캠벨은 자신의 이름으로 그 사설의 오류를 사과했다. 캠벨은 그 사설이 과학에서 여성과 흑인 등 소수자의 존재를 부정하는 생각을 고착시킬 수 있다는 점을 인정하고, "이는 잘못된 관념이다"라고 덧붙였다. 또 『네이처』는 사설의 온라인판 제목을 「과학은 과거의 실수와 범죄를 인정해야 한다」로 바꾸고, 동상 철거에 대한 문장 하나를 수정했다. 『네이처』가 모든 비판에 응답한 것도 아니고 모든 상처가 아물 수도 없겠지만, 이 사설에 대한 논란 자체가 『네이처』와 과학의 역사에 남아 오래 기억될 것이다.

과학이 과거를 기억하는 방식은 지금 여기 과학과 사회의 현실과 분리될 수 없다. 과학적 성과를 추구하고 기념하는 일이 윤리적·사회적 가치 평가와 분리될 수도 없다. 과학은 역사적으로, 사회적으로 형성되고 발전해온 제도이며, 또 과학자는 역사적이고 사회적인 존재, 즉 시민이기 때문이다. 사설을 내보낸 편집진과 그것을 읽고 비판한 과학자들 모두 인종과 젠더 등 여러 사회적 조건을 안고 씨름하며 과학에 종사하는 시민들이다.

문제가 된 『네이처』 사설이 나온 그 무렵, 한국의 시민 단체인 '변화를 꿈꾸는 과학기술인 네트워크ESC: Engineers and Scientists for Change'가 정부의 과학기술 인식에 대한 논평을 내면서 강조한 것도 바로 그 점이었다. "과학기술자는 역사관이 필요 없는 도구적 존재가 아닙니다. 과학기술자이기 전에 우리는 모두 민주사회의 시민입니다." 과학기술자가 '경제 발전의 도구'에 머물지 않고 과학기술자인 시민으로 사는 것은 그들의 일을 복잡하게 만들 수 있다. 과거의 실수와 오류에 대한 비판에 응답해야 하고, 현재 활동의 의미를 윤리적, 문화적, 정치적으로 고민해야 한다. 하지만 과거에서 배우고 현재를 고찰하여 그다음을 설계하는 것은 과학자들이 실험실에서 매일같이 하는 일이다. 과학적인 일이다.

2017년 9월 ESC가 위와 같은 논평을 낸 것은 기계공학 전공자인 박성 진 교수의 중소벤처기업부 장관 후보자 지명을 둘러싼 논란이 한창일 때였다. 박성진 후보자의 과학관(창조과학회 활동 등)과 역사관(대한민국 건국 시점에 대한 견해 등)이 장관직에 적합하지 않다는 비판이 일었다. 이에 대해 청와대 관계자는 "국무위원으로서 기본적으로 우리가 갖고 있는 상식적인 수준의 역사관을 갖고 있으면 저희도 환영하겠지만, 일반적인 공대 출신으로서 그 일에만 전념해온 분들이 사실 건국절 관련 문제를 깊이 있게 파악하지 못했을 수 있다"라고 해명했다. 이를 보도한 『경향신문』은 "청와대의 논리는 박 후보자가 평소 역사의식을 별로 고민해본 적이 없는 소시민 또는 공학도였을 뿐이므로, 기능적 전문성이 요구되는 중소 벤처기업부 장관직 수행에 문제가 없다는 것이다"라고 해석했다.

청와대 관계자가 강조한 '기능적 전문성', 즉 국무위원의 평균적 소양에는 미치지 못해도 중소벤처기업 업무를 하는 데에는 충분한 능력이란, 결국 '가치중립적 과학'의 신화에 갇힌 전문성이다. 어떤 과학자가 연구하고, 특허 내고, 창업하는 일에 탁월하기만 하다면, 그가 속한 공동체가 지향하고 있는 정치적·사회적·문화적 가치를 인지하고 실현하는 데에는 무관심해도 괜찮다는, 심지어는 무관심한 편이 낫다는 인식이다. 이와 같은 가치중립성으로의 도피, 가치에 무관심할 것을 장려하는 태도는 그동안 정부와 과학자가 서로를 도구로 대할 때에 편리하게 사용해왔다. 이제는 정부와 과학자가 서로를 조금 더 불편하게 대할 때가 되었다.

과학자를
믿어도 될까요?

과학자는 누구의 편인가? 어떤 사람들은 질문이 잘못되었다고 지적할 것이다. 과학자는 불편부당 누구의 편도 들어서는 안 되기 때문이다. 과학자는 사람이나 조직이 아니라 오직 '사실facts'의 편일 뿐이다. 사실에 군이 편을 들어줄 사람이 필요하냐고 생각하는 사람들도 있겠다. 사실이란 내 편이 없어도 스스로 존재하고 스스로 말할 수 있지 않느냐는 것이다. 그러나 '사실'은 그렇게 강하지 않다. 그것은 생산되어야 하고, 자료data로 뒷받침되어야 한다. 거기에는 시간과 돈과 사람의 노력이 들어간다. 관심이나 열정이 있는 사람들이, 때로는 돈이 있는 사람들이 사실을 만들고 유지할 수 있다.

강자와 부자에게 필요한 사실은 쉽고 빠르게 만들어진다. 약자와 빈자에게 필요한 사실에 관심을 가지는 사람은 적다. 어떤 종류의 사실을 탐구하고 그것을 어떻게 알릴지 선택하는 것만으로도 과학자는 누군가의 편에 서게 될 수 있다. '시민과학자'라는 이름으로 불리는 이들은 그런 선택을 한 사람들이다.

임은경 기자가 쓴『박상표 평전: 부조리에 대항한 시민과학자』(공존, 2016)의 주인공 박상표(1969~2014)는 '국민건강을위한수의사연대' 정책국장으로 일하면서 2008년에 광우병 위험이 있는 미국산 소고기 수입을 둘러싼 논쟁과 촛불 시위 과정에서 크게 활약한 '촛불 의인'으로 잘 알려져 있다. 박상표 국장이 시민과학자로서 수행한 역할은 자료를 발굴하고 정리하고 분석하여 미국산 소고기의 위험성에 대한 과학적 사실을 제대로 만들어내는 일이었다. 그는 '자료 대마왕'이라는 별명을 얻을 만큼 엄청난 양의 관련 자료를 수집·분석해 정부의 주장을 반박하는 한편, 미국산 소고기 수입 제도의 문제점과 대책을 시민들에게 알리기 위해 신문·잡지 기고, 기자회견·토론회 참석, 방송 출연 등 여러 활동을 벌였다. 보건의료 분야 시민사회단체에 이 문제를 충분히 이해하고 전문적으로 대응할 능력을 갖춘 사람이 부족했던 시기에 박상표 국장은 대체 불가능한 "보석 같은 존재"가 되었다. 그는 시민사회의 비판자들이 '주류 전문가'라 부르는 사람들의 반대편에 섰다. 그들의 해석과 입장을 반박했던 박상표는 한국 사회에 흔치 않은 '대항 전문가'로 기억되고 있다. "광우병 위험을 위험이라고 부르지 못하게 하는 '홍길동' 정부" 같은 촌철살인의 논평으로 '박상표 어록'을 남기기도 했다.

어떤 공부와 경험이 시민과학자의 자질과 능력을 만들어내는가? 저자 임은경은 박상표를 시민과학자의 길로 이끌었던 동력이 과학 바깥에서 생겨난 것으로 본다. 문학, 미학, 역사 그리고 사람과 사회에 대한 깊은 관심이 박상표를 과학자인 동시에 인문학자로 만들었다는 것이다. 1987년 서울대 수의학과에 입학한 박상표는 반도문학회에 가입해 문학과 사회과학을 공부하면서 입대 전까지 학생운동에 참여했다. 제대 후에는 인천에 있는 동양이화공업에 들어가 노동운동의 길을 모색했고, 복학하여 학업을 마친 이후에는 수의사로 일하면서 1990년대 중반 출범한 참여연대의 활동을 돕기도 했다.

저자가 특히 주목한 것은 박상표가 혼자 힘으로 문화유산을 공부해 모두가 인정하는 답사와 해설 전문가로 활동한 점이다. 박상표는 어느 고적을 찾아가더라도 사람들이 깜짝

놀랄 만큼 많은 자료를 조사하고 정리하여 이를 참가자들에게 열정적으로 해설하는 것으로 유명했다. 이러한 공부와 활동이 쌓여 이후 광우병 촛불시위 정국에서 박상표가 보여준 태도를 만들었다고 저자는 암시한다. "책을 읽으면서 탐구하고 확인하는 것이 몸에 밴 탓인지 박상표는 주변에서 하는 말이나 통념을 그대로 믿어버리지 않았다. 꼭 근거를 찾아 검증하고 자신의 주관을 가지고 보려고 노력했다. 또한 내 편 네 편을 떠나 진짜 옳은 것이 무엇인지를 늘 냉철하게 따져 묻곤 했다." 과학과 관계없어 보이는 청년 시절 활동이 시민과학자의 평전에서 자세하게 다루어지는 이유다.

반면 책에 따르면 수의학은 박상표에게 시민을 위한 과학자로 살 수 있는 가능성을 제시해주지 않았다. 동물병원 역시 박상표가 정부에 대항하는 전문가의 목소리를 낼 수 있는 배경은 아니었던 것으로 보인다. 수의학 공부나 동물병원 진료는 그가 모든 것을 열심히 했다는 것을 보여주는 부분 말고는 중요하게 언급되지 않는다. 고적답사 활동에 열정을 가졌던 박상표에게 "탈 난 강아지들을 돌보는 일은 생계를 위한 최소한의 아르바이트였을 뿐"이었다. 또 그가 동물병원에서 수의사로 일한 것은 "생계에 대한 걱정 없이 하고 싶은 것을 하고, 경제적 자유에서 오는 독립된 삶을 누리기 위한 것"으로 해석된다. 만약 동물병원에서 일할 필요가 없었다면 박상표는 시민과학자로서 더 큰 기여를 했을지도 모른다.

정식 과학교육의 바깥으로 나가고 생계 문제를 넘어서야만 시민과학자로 살 수 있다는 사실은 과학과 과학자가 한국 사회에서 맡고 있는 불안정한 자리와 역할을 드러내준다. 정규 과학, 의학, 수의학 교육체계에서는 시민의 안전과 건강 문제에 대해 소신 있는 목소리를 내는 것이 통상적인 과학의 범주를 벗어난 활동('시민과학')이자, 정부와 주류에 '대항'하는 각별한 용기가 필요한 일이 된다. 실험실과 현장에서 얻어낸 과학적 사실을 가지고 정부의 방침과 기업의 이익에 부합하지 않는 견해를 밝히는 과학자는 유별난 연구자, 위험한 전문가가 되고 만다. 정부와 기업이 제각각 강력한 힘으로 과학적 사실을 만들어내는 와중에 힘없는 시민이 끝까지 신뢰할 수 있는 과학자를 찾기란 점점 더 어려워진다. 필요할 때마다 박상표 같은 '의인 과학자'가 홀연히 등장하기를 기다릴 수는 없는 노릇이다.

이것은 과학의 위기이자 민주주의의 위기다. 과학과 과학자에 대한 신뢰는 민주주의 사회를 지탱하는 중요한 축이다. 생명, 안전, 환경에 직결되고 막대한 예산이 오가는 중요한 의사 결정을 할 때 그 무엇보다 과학자의 머리와 손과 입

사람의 자리

에 의존하는 일이 많아졌다. 정치적 갈등과 경제적 이해가 얽혀 있는 공론장에서 믿을 만한 '과학적 사실'이 중심을 잡아주어야 하기 때문이다. 과학적 사실이 우리가 신뢰할 수 없는 이들의 손에 맡겨지는 순간, 공적인 토론과 결정의 과정은 저잣거리 싸움보다 나을 것이 없게 된다. 정치에 절망한 시민이 마침내 과학에도 실망하기 시작할 때, 더이상 과학자의 말을 믿지 못할 때, 그 사회의 민주주의는 심각한 지경에 이른 것이다.

세상을 떠나기 얼마 전 박상표가 담배회사 내부 문건에 등장하는 한국인 과학자들을 분석한 논문을 쓴 것은 그러한 위기를 지적하려는 시도였을 것이다. 가습기 살균제 사건으로 한국의 과학과 과학자에 대한 신뢰의 문제가 다시 주목받는 지금, 박상표가 그랬던 것처럼 과학과 민주주의를 동시에 튼튼하게 만들려는 노력이 필요하다.

과학자는 누구인가

다양성의 힘

2018년 6월 13일의 제7회 전국동시지방선거는 큰 이변 없이 끝났지만, 그래도 기억에 남을 몇몇 후보와 장면이 있었다. 지금껏 충분히 인정받지 못한 존재와 가치와 신념이 드러나는 경우들이었다. 가장 크게 화제가 된 것은 '페미니스트 서울시장'을 표방하고 나선 녹색당 신지예 후보였다. 그는 이른바 "개시건방진" 표정을 지은 선거 포스터 사진 때문에 부당한 모욕을 당하고 선거 운동에 피해를 봤지만, 굽히지 않고 페미니즘과 '생태적 지혜'를 결합한 녹색당 후보로서 선명한 메시지를 전달했다.

또 기억에 남는 것은 장애인들이 아침 일찍부터 서울 삼청동 주민센터에서 장애인 참정권 보장을 요구하는 시위를 벌이다가 사전투표를 하고 나오는 문재인 대통령을 만났던 장면이다. 이들은 투표소에 엘리베이터가 없거나 수어 통역사가 없어서 장애인 투표가 어려운 상황을 설명하고, 발달장애인도 충분한 선거 정보를 얻을 수 있는 형식의 공보물을 만들어달라고 요청했다. 대통령은 장애인 참정권 문제를 잘 살펴보겠다고 약속한 뒤 시위대와 함께 사진도 찍었다.

선거는 우리가 이 땅에 존재하는 만큼 온전히 대표되고 있는지를 점검하는 자리다. 여성, 장애인, 성소수자, 생태주의자 등 늘 과소대표되는 존재들이 목소리를 내고 이른바 '민의'를 대변할 수 있는 기회를 요구한다. 다양한 존재와 신념이 경합하는 것만으로도 민주주의에 기여하는 바가 있겠지만, 실제로 당선되어 다양한 가치를 실현할 기회를 얻는다면 더 의미 있는 선거가 될 것이다. 공직을 맡는 사람들이 획일적으로 구성되는 것은 이제 어떤 이유로도 정당화하기 어려워졌다.

과학계는 어떤가? 2018년 6월 7일 자 『네이처』는 기사와 사설을 통해 과학계의 다양성 문제를 다루었다. 「다양성의 힘」이라는 제목의 기사는 연구진의 다양성이 과학 연구의 경쟁력을 높일 수 있다는 점을 강조했다. 사설도 "과소대표된 집단의 참여를 증진하는 것은 더 공정한 일일 뿐만 아니라 더 좋은 연구 결과를 낳을 수 있다"고 주장했다. 논문 저자들의 젠더나 인종이 다양할수록 그 논문이 더 많이 인용되어 더 큰 영향력을 얻게 된다는 연구 결과도 언급했다. 즉, 남들에게 정치적으로 올바르게 보이기 위해 구색을 맞추듯이 다양성을 고려하는 것이 아니라, 다양할수록 더 좋은 과학적 성과를 낼 수 있기 때문에 그렇게 해야 한다는 것이다.

이에 대해 과학은 '민의'를 대변하는 활동이 아니며, 굳이 무언가를 대변한다면 과학자는 오직 '자연'을 대변할 뿐이므로, 인간의 다양성을 굳이 과학계에 반영할 필요는 없다는 반론이 나올 수도 있다. 어떤 사람이 자연을 잘 이해할 수 있다면, 그 과학자가 인간으로서 가진 정체성을 그가 하는 과학과 연결시켜서는 안 된다는 생각일 것이다.

하지만 과학 연구가 팀을 꾸려서 함께 문제를 정의하고 실험을 설계하고 결과를 해석하고 토론하고 반박하는 과정을 통해서 이루어진다는 점을 생각하면, 연구진의 다양성이 좋은 연구 결과에 기여한다는 주장을 쉽게 무시할 수는 없다. 『네이처』가 인터뷰한 미국 밴더빌트 대학의 우주물리학 교수는 자신의 연구팀이 2013년에 중요한 발견을 하는 데에는 "같은 데이터를 다른 관점에서 바라보는 매우 다른 사람들의 집단이 필요했다"고 말했다. 다양한 관점이 섞일 때 '아하' 하는 깨달음의 순간이 더 자주 찾아온다는 것이다. 그 실험실에는 자폐스펙트럼장애가 있는 대학원생을 포함하여 인종과 젠더 면에서 다양한 연구진이 일하고 있었다.

　과학은 인간의 호기심에서 출발하는 활동이므로 호기심만 충분하다면 그가 사회적으로 어떤 집단에 속하든 상관없다는 생각도 재고할 필요가 있다. 호기심도 사회적이고 문화적인 것이다. 다른 정체성을 가지고 다른 환경에서 다르게 교육받고 살아온 사람은 남들과 다른 것을 궁금해한다. 다양한 사람들을 실험실로 불러들일 때 새로운 질문을 던질 수 있는 가능성이 더 열리는 것이다.

　그래서 과학자들은 자연을 대변하는 동시에 다양한 인간을 고르게 대표하는 역할을 맡을 수 있다. 다양한 사람들이 모일수록 자연을 바라보는 시선도 더 다양하고 깊어진다. 즉, '과학 다양성'은 정치적으로 올바를 뿐 아니라 과학적으로도 올바른 일이 된다. 한국 과학계가 그토록 중요하게 여기는 창의성이란 결국 남과 다르게 보고 다르게 생각하는 능력이다. 남과 다를 수 있는 능력은 서로 다른 사람들끼리 협력하면서 배울 수밖에 없다. 창의성을 원한다면 다양성을 추구해야 한다. 다양성은 한국 정치와 과학에 공통으로 부여된 과제다.

　물론 선거 기간 중에 몇몇 후보가 화제가 되었다고 해서 그것이 정치권의 다양성 증가로 이어지지 않듯이,『네이처』를 비롯한 과학계 주요 기관들이 다양성의 가치를 강조한다고 해서 각 대학과 연구소가 더 다양한 배경과 능력을 가진 사람들에게 활짝 문을 열지는 않을 것이다. 학생을 선발하고 연구원을 채용하는 방식의 변화, 대학과 연구소를 평가하는 제도의 변화, 연구실과 학교의 일상적인 문화의 변화를 통해서만 다양성의 가치가 점차 확산될 수 있다. 한국 과학계는 정치권보다 앞서 다양성의 힘을 더 적극적으로 받아들일 수 있을까.

2019년 1월 2일 미국의 공영방송 PBS는 다큐멘터리 〈왓슨 해독하기De-coding Watson〉를 방영했다. 1953년에 프랜시스 크릭과 함께 DNA의 이중나선 구조를 규명하여 20세기 과학의 가장 중요한 업적 중 하나를 이룬 제임스 왓슨에 대한 다큐였다. 제작진은 2007년에 왓슨을 국제적 비판의 대상으로 만들었던 발언, 즉 백인과 흑인의 지능에 유전적인 차이가 있다는 생각에 대해 다시 물었다. 당시 왓슨은 비판이 쏟아지자 자신의 발언에 대해 사과하고 물러났지만, 여기서 그는 인종과 지능에 대한 자신의 견해가 바뀌지 않았다고, 즉 "평균적으로 백인과 흑인의 지능에 차이가 있고, 그 차이는 유전적"이라고 말했다. 명성 높은 과학자인 왓슨의 발언은 백인 우월주의자들이 가져다 쓰기에 딱 좋다. 또 과학은 더 똑똑한 사람들이 모여서 하면 되는 것이지 굳이 인종, 젠더의 관점에서 과학계의 다양성을 따질 필요가 없다는 논리로 이어질 수도 있다. 다큐멘터리 방영 전에 논란이 될 만한 내용을 미리 확인한 『뉴욕타임즈』는 미국 국립보건기구NIH: National Institutes of Health의 책임자를 인터뷰해서 흑인과 백인의 지능검사상의 수치 차이는 유전적인 것이 아니라 환경적인 것이라는 다수 전문가의 관점을 확인했다. 왓슨의 발언을 뒷받침하는 과학적인 근거가 없다는 것이다.*

---

*   Amy Harmon, "James Watson Had a Chance to Salvage His Reputation on Race. He Made Things Worse," *The New York Times*, 1 January 2019.
https://www.nytimes.com/2019/01/01/science/watson-dna-genetics-race.html

왓슨의 발언은 과학에 억지로 다양성을 고려할 필요가 없다는 주장의 논거가 아니라 그동안 과학계에 얼마나 다양성이 결여되어 있었는지를 보여주는 증거로 해석할 수 있다. 백인이 절대 다수를 차지하는 과학계의 문화 속에서는 왓슨처럼 인종 문제에 대한 잘못된 생각을 품기가 쉽다는 것이다.『뉴욕타임즈』가 인용한 한 유전학자는 "만약 왓슨이 과학계의 모든 단계에서 아프리카계 미국인 동료들을 알고 지냈다면 지금과 같은 견해를 유지할 수 없었을 것"이라고 말했다. 다양성 부족은 놀라운 업적을 낸 과학자의 생각도 흐리게 만들 수 있다.

아무나의 과학에서
누군가의 과학으로

요즘 한국에는 과학을 보는 두 가지 관점이 공존하고 있다. 이름을 붙이자면 '아무나의 과학'과 '누군가의 과학'이다. 그 동안 한국에서 지배적이었던 '아무나의 과학'을 답답하게 느낀 과학자들이 조금씩 '누군가의 과학'을 말하기 시작하고 있다.

'아무나의 과학'이란 좋은 결과를 내기만 한다면 그 일을 누가 어떻게 하든지 신경 쓰지 않는 과학이다. 유명 학술지에 논문을 내고 노벨상을 받고, 새로운 기술과 산업을 만들기만 한다면 아무라도 상관없다는 생각이다. 유일한 조건은 대한민국이라는 국적이다. 과학으로 국가의 위상을 높이고 이득을 가져다줄 한국인을 원한다는 것이다. 옛날 말로는 '조국 근대화'에 이바지하고, 조금 지난 말로는 '창조경제'를 선도하고, 요즘 말로는 '4차 산업혁명'에 대비하는 것이 중요할 뿐 어떤 한국인이 어떻게 그 일을 하고 사는지는 묻지 않아도 괜찮았다.

'아무나의 과학'은 경제적으로 유익하고 정치적으로 무해한 과학이다. 국가가 선호하는 과학이다. 국가는 명석한 두뇌와 성실한 태도를 갖춘 과학자를 대표 선수로 삼아 국제 경기에 출전시키는 것처럼 과학을 운영했다. 대표 선수를 빼고는 대부분이 이름 없는 과학자로 남았다. 이런 과학을 상징하는 이미지가 박정희 대통령 시절 과학기술처 장관으로 일한 최형섭 박사의 회고록 제목이기도 한 '불이 꺼지지 않는 연구소'다. 과학자는 기꺼이 국가의 부름을 받아 밤낮없이 연구를 했다.

'아무나의 과학'은 모두에게 열려 있고 공평한 것처럼 보이지만 실제로는 그렇지 않다. 아무나 해도 상관없다는 말이 누구든지 환영하고 존중한다는 뜻은 아니다. 가령 국가가 주도하는 '아무나의 과학'은 경력 단절이 두려운 여성 과학자나 불안정한 처지에 놓인 청년 과학자의 사정을 꼼꼼히 챙길 수 없다. 그러려면 과학자가 연구실 밖에서 살아내야 할 삶을 가진 사람이라는 사실부터 진지하게 받아들여야 하기 때문이다.

'누군가의 과학'은 바로 과학이 누군가의 삶이라는 생각에서 시작한다. 과학은 국가가 그 결과를 거두어 가면 끝나는 프로젝트가 아니라 자연의 탐구에서 삶의 의미를 발견하는 사람들이 모여서 하는 일이다. 동시에 과학은 누군가의 소중한 생계 수단이다. 그래서 '누군가의 과학'은 과학자들의 현실을 살피는 일을 중요하게 여긴다. 2017년 2월 2일에 카이스트에서 열린 '과학기술계 합리적 질서 논한다'라는 제목의 토론회에서 '불이 꺼지지 않는 연구소'라는 표현을 두고 참가자들의 견해가 엇갈린 것은 결국 과학을 보는 시각 차이 때문이었다. '누군가의 과학'은 '불이 꺼지지 않는 연구소'를 칭송하거나 재연하려 하지 말고, 그 일을 누가 어떤 조건에서 하고 있는지, 또 그 일을 할 기회가 누구에게는 주어지지 않는지 따져보아야 한다고 주장한다.

최근 출판된『소년소녀, 과학하라!』(우리학교, 2016),『과학하는 여자들』(메디치미디어, 2016) 같은 책은 제목에서부터 누가 하는 과학인지를 밝혀두고 있다. 소년만이 아니라 소녀도 과학에 흥미를 느끼기를 권하고, 또 과학자로 살아가는 여자라는 정체성을 지우지 않고 오히려 강조한다. '누군가의 과학'을 드러내는 이 책들이 '과학하다'라는 사전에 없는 동사를 내세운 것도 눈에 띈다. '아무나의 과학'이 결과를 가리키는 명사로 존재한다면 '누군가의 과학'은 과정을 가리키는 동사로 존재한다. 팟캐스트 '과학기술정책 읽어주는 남자들'이 청년 과학기술인들과의 인터뷰 내용을 정리하여 발간한 자료집『어떤 대화: 청년 과학기술인의 목소리』에는 '과학하다'라는 동사의 예문이 될 만한 이야기가 가득하다. 연구실 불을 끄지 않는 것으로 해결할 수 없는 개인의 고충과 제도의 문제도 담겨 있다.

'아무나의 과학'이 미래를 위해 현재를 희생하는 과학이었다면, '누군가의 과학'은 과학하는 사람들의 현재를 살펴서 미래를 열어가려는 과학이다. '누군가의 과학'은 경제 효과를 유일한 가치로 삼지 않고, 정치에 무관심하지 않으며, 과학을 할 수 있는 사회적 환경을 적극적으로 모색한다. 여성, 청년, 성소수자, 장애인, 이민자 등 과학하는 사람들이 살아가는 다양한 조건을 존중하고 그들의 과학과 삶이 모두 풍성해지도록 애쓴다. 이러한 시도의 취지에는 공감하면서도 그것이 과학 본연의 일은 아니라고 지적할 사람도 있을 수 있다. 과학을 하는 주체에 주목한다고 해서 반드시 더 훌륭한 과학 지식이 나오겠느냐, 즉 과학이 더 발전하겠느냐는 의문일 것이다. '누군가의 과학'은 바로 그러한 인식에 맞서 과연 과학 본연의 일이 무엇인지를 다시 생각해보자는 제안 이다.

'과학하다'라는 단어는 한국어사전에 표제어로 올라 있지 않지만, 이것을 자신의 삶을 정의하는 동사로 사용하는 사람들이 점차 많아지고 있다. 이들은 국가와 시민들이 과학을 바라보는 시선을 '아무나의 과학'에서 '누군가의 과학'으로 바꿔주기를 바란다. '아무나의 과학'은 노벨상을 받았거나 받을 가능성이 있는 과학자를 빼고는 대부분 이름 없고 얼굴 없는 과학자로 살 것이라고 가정한다. '누군가의 과학'은 노벨상을 받지 않는 과학자에게도 이름이 있고 얼굴이 있다는 사실을 기억한다. 이들에게 '과학자'란 거창한 수식어가 필요 없이 그저 '과학하는 사람'을 뜻한다.

조국을 떠미는
'억센 날개'

"선희 동무, 조국의 진보에 충실한 과학의 날개를 달아주지 못하는 연구는 개인적인 명예의 추구로 떨어지고 만다는 걸 명심해두시오." 북한의 과학환상소설SF 「억센 날개」에 등장하는 과학자 지선희에게 동료 과학자 강철혁이 건넨 충고다. 2005년 조선 작가동맹 중앙위원회 기관지인 『조선문학』에 실렸던 이 작품을 과학잡지 『에피』가 2018년 가을호에서 소개했다.

지선희가 설계한 '에네르기 발전소'에 값비싼 금속이 많이 필요하다는 점을 지적하며 강철혁은 이렇게 말한다. "이 땅 우에 부강 조국을 일떠세우는 길에 앞장선 우리 과학자들이 자기의 창조물 하나하나에 조국의 재부를 아끼고 사랑하며 그를 위해 자신의 있는 지혜와 힘을 깡그리 바친 피타는 노력이 엿보이게 하여야 한다고 생각합니다." 처음에 지선희의 발표를 높이 평가했던 연구소장도 이 지적을 듣고는 맞장구를 친다. "조국의 진보에 억센 날개를 달아주는 것, 달아주되 짐이 되지 않고 조국을 힘차게 떠미는 충실한 날개를 달아주는 것, 그것이 바로 우리 과학자들이 아니겠습니까."

처음 읽는 북한 과학환상소설에 나오는 과학자들의 말투는 낯설다. 그렇지만 개인의 성장이 아니라 오직 조국의 진보를 위해 과학자들이 헌신해야 한다는 생각은 그다지 낯설지 않다. 과학이 왜 필요한지, 과학자의 존재 의의는 무엇인지에 대한 남과 북의 인식은 크게 다르지 않아 보인다.

가령 2018년 7월 말에 한국과학기술단체총연합회를 비롯한 13개 과학기술계 단체가 공동으로 낸 성명서와 의견서는 "수학·과학이 4차 산업혁명의 바탕"이며 "국가 과학기술 발전은 이공계 인재 양성에서부터 시작"되므로 "미래 과학기술 경쟁력"을 위해 수학과 과학을 더 많이 가르쳐야 한다는 주장을 담고 있었다. "이공계 중등 교육정책에 대한 기본 철학"을 구성하는 핵심 개념의 자리는 '4차 산업혁명', '미래 과학기술 경쟁력', '국가 과학기술 발전'이 채웠다. 남이든 북이든 과학기술을 국가와 혁명을 위한 도구로 내세우고 있는 것이다.

과학기술계가 이런 입장을 낸 것은 대학수학능력시험에서 기하와 벡터 과목을 제외하려는 교육부 계획을 비판하기 위해서였다. 과학기술계도 '문·이과 융합 인재 양성'이라는 대의에 찬성하지만, 막상 무엇을 얼마나 가르칠지 정할 때가 되면 과학기술이 국가와 혁명을 위해 더 긴요한 도구라는 주장을 내세운다. 한마디로 문학이나 사회 과목보다 수학과 과학이 훨씬 더 '억센 날개'라는 것이다. 과학기술계 의견서는 "사회탐구 과목은 '살다가 혼자서라도 문득문득 들어서서 깊이를 모르고 파고들 수 있는' 학문으로, 수학·과학에 비해 상대적으로 시작하기가 쉽고, 스스로 이해할 수 있는 자료도 많다"고 주장했다.

과학자야말로 조국의 진보와 번영을 위한 '억센 날개'라는 호소를 통해 고등학교에서 기하와 벡터를 가르쳐야 하는 이유를 납득하기는 어렵다. 기하와 벡터를 배움으로써 한 사람이 어떻게 더 넓어지고 깊어지고 성장할 수 있는지 말하지 않기 때문이다. 수학과 과학의 모든 분야가 그렇지만, 기하와 벡터는 눈에 보이는 모양이 전부가 아니라는 것, 내 앞에 보이는 세계의 형상 뒤에 어떤 규칙이 있다는 것을 알려

준다. 첫눈에는 다른 것 같아도 보는 각도를 바꾸면 닮아 보이는 것들, 거의 똑같아 보이지만 실제로는 크게 다른 것들이 있다는 통찰도 기하와 벡터에서 얻을 수 있다.

사실 이는 기하와 벡터뿐만 아니라, 문학이나 역사나 사회 과목에서도 배우는 것들이다. 이과 과목에서 우리는 세계의 물질적·기하학적 구조를 배우고, 문과 과목에서 우리는 심리와 감정의 구조, 계급과 젠더의 구조를 배운다. 이렇게 연결된 세계의 구조가 안팎의 힘을 통해 변화할 수 있는 가능성도 배운다. 즉 기하, 벡터, 역사, 사회에서 우리는 세계를 다른 시선에서 보는 법을 익힌다. 또 누구라도 논리를 익히고 근거를 쌓는다면 논리 없는 허위와 근거 없는 권위를 무너뜨릴 수 있음을 깨닫는다. 이것이 "4차 산업혁명의 바탕"이 되는 것보다 훨씬 중요한 중등교육의 쓸모고 임무다.

한국에서 고등학교를 졸업한 사람이 세계를 어디까지 볼 수 있도록 할 것인가. 얼마나 다르게, 얼마나 다양하게 볼 수 있도록 도울 것인가. 우리는 이런 질문들을 놓고 토론해야 한다. 우리는 언제쯤 수학과 과학을 조국을 위한 '억센 날개'가 아니라 사람을 위한 밝은 눈으로 받아들이게 될 것인가.

사람의 자리

과학자의 몽유도원도*

'과학하는 삶' 그리고 '과학하는 사람'. 카이스트 과학기술정책대 학원에서 한국과학창의재단의 지원을 받아 실시한 사진·동영상 공모전과 직접 제작한 유튜브 동영상의 제목이다. '과학하다'라 는 동사를 키워드로 삼아 과학기술 연구의 현장에 있는 사람들의 모습과 목소리를 모아보려는 시도였다. 구구절절한 실험실 생활 얘기를 하다가 갑자기 정색해서는 "당신에게 과학이란?" 같은 진지한 질문도 던지고, 마지

---

*　　이 글에서 소개한 '과학하는 사람' 동영상은 유튜브에서 볼 수 있다.
　　　https://www.youtube.com/watch?v=CZjjwjfp74A

막엔 그동안 속에 담아둔 얘기를 털어놓는 자리가 있으면 좋겠다고 생각했다. 이 공모전을 통해 학교와 연구소와 회사에서 일하는 여러 연구자들이 '과학하는 사람'의 희열과 좌절과 고민, 즉 그들의 '과학하는 삶'을 전해주었다.

사진과 동영상을 통해 연구자들이 보여준 과학연구 현장은 그리 넉넉하지도 않았고 멋있어 보이지도 않았다. 탁자 위에 측정기기를 펼쳐놓을 공간이 부족했는지, 영남대의 한 학생은 실험실 바닥 한편에 분홍색 삼선 슬리퍼를 벗어놓고 은색 돗자리 위에 앉아 황테이프를 칭칭 감은 실험 장치를 만지고 있었다. 테이블 밑에는 개인용 전열기의 열선이 절반만 켜져 있었다.

'논문 쓰는 중'이라는 아이디의 카이스트 학생은 공대생답게 멀티태스킹에 능했다. 왼쪽 모니터에는 구글 검색창 하나와 붉은 글씨로 수정된 원고 창 하나가, 물리화학 교과서 위에 올려진 오른쪽 모니터에는 게임 〈리그 오브 레전드〉의 한 장면이 띄워져 있었다. 모니터 한쪽 귀퉁이에는 영어로 된 성서의 고린도전서 6장 19절을 적은 메모지가 붙어 있었다. 밤을 새우는 동안 음악이 필요한 학생들은 이어폰 주위에 A4용지를 고깔 모양으로 감아서 간이 스피커를 만들어 썼다.

응모 작품들에서 우리가 만난 과학자는 어느 학생이 말했듯이 "성실히 같은 일을 반복하는 사람"이었다. 부경대 지구환경과학과에서 만든 동영상 속에서 박편薄片 작업 1만 회 경력의 서른 살 지질학자는 거친 무채색 돌멩이가 0.03밀리미터짜리 박편이 되어 노랑, 주황, 분홍의 광채를 낼 때까지 자르고, 붙이고, 갈고, 닦았다. '가내수공업'이라는 제목의 사진에서 건국대 소속의 한 연구원은 탁자 위에 여러 색깔로 된 통을 수십 개 쌓아놓고 비닐장갑을 낀 손으로 실험용 '팁'을 하나하나 꽂았다. 팁을 꽂는 시간은 "내가 왜 이 길에 들어왔을까?"라고 자문하는 사색의 시간이기도 했다. 크기별로 가지런히 나눠 담은 팁들은 다음 주면 모두 사라지고 또 누군가 그렇게 앉아 하염없이 팁을 꽂아 다음 실험을 준비해야만 할 터다. 사진과 그래프와 글자가 가득한 네 개의 모니터 앞에 모인 초기우주천체 연구원들은 "퀘이사(블랙홀이 주변 물질을 집어삼키는 에너지에 의해 형성되는 거대 발광체로서 '준성準星'이라고도 한다) 발견!"하고 기뻐하면서 머나먼 노벨상을 상상하기보다 "이제 졸업할 수 있는 건가"라고 묻는다.

많은 이들에게 연구는 고결한 정신 활동만이 아니라 고단한 몸놀림이기도 하다. 사진 속의 연구자들은 트레이닝복에 목장갑을 끼고서 불꽃을 튀기며 재료를 자르고, 황량한

과학자는 누구인가

공터의 벤치에 걸터앉아 소형 비행기를 뜯어고치고, 검정 쫄쫄이 옷을 입은 채 온몸에 센서를 붙이고 카메라 앞에서 춤을 추었다. '에필로그'라는 제목의 흑백사진은 실험실 싱크대에서 비커 안쪽을 기다란 솔로 씻어내는 장면을 담았다. 고무장갑을 낀 손이 수많은 실험의 끝은 논문이 아니라 설거지라고 말하고 있었다.

선진국에서 장려하는 첨단기술이 아니라 사정이 넉넉지 않은 지역 사람들의 필요와 여건에 적합한 '적정기술'을 연구하고 싶다는 서울대 화학생물공학부 박사과정 학생은 동영상에서 전자레인지로 조리한 햇반을 뜯어 밥덩이를 몇십 번이고 꾹꾹 짓이겼다. 과학자 친구의 톡톡 튀는 일상을 담아보려 카메라를 잡은 건축 전공 학생은 왼손 오른손 바꿔가며 밥을 빻고 있는 친구에게서 '과학하는 삶'의 지루하지만 진지한 일면을 발견했다. 과학자 친구는 "돈을 벌 수 있는, 크게 성공할 수 있는" 연구를 해서 "인생이 반짝반짝 빛날 수 있을" 기회에서 점점 멀어지고 있다고 생각하면서도 그다지 후회하지는 않는다. 그의 연구는 "실패의 연속"이고 성공의 기쁨은 1년에 채 열 번도 찾아오지 않는다.

과학자들은 안녕한가? 과학을 공부하는 많은 학생들이 문제가 잘 풀리지 않아서, 실험 결과가 잘 나오지 않아서, 잠

잘 시간과 데이트할 시간이 부족해서 힘들어했다. 3년째 크리스마스를 실험실에서 보낸 건국대 대학원생은 "기쁘다 구주 오셨네" 대신 "기쁘다 시약님 오셨네"를 외쳤다. 연구의 과정과 결과만이 연구자들을 힘들게 하는 것은 아니다. 한국 최초의 우주발사체 나로호가 성공적으로 올라갔을 때 이 프로젝트에 참여한 엔지니어들이 아니라 정치인들이 방송 화면에 잡히는 것과 같은 일도 이들을 좌절하게 했다. 또 매년 발표되는 카이스트 대학원 연구환경 설문조사는 많은 대학원생이 연구실 안팎의 노동 조건과 인간관계에서 스트레스를 받고 있음을 보여주었다. 출퇴근 시간과 휴가 문제, 부족한 임금, 지도교수나 선후배와 맺는 관계의 어려움도 이들의 '과학하는 삶'의 일부였다. 성실하게 일하는 사람에 대한 정당한 인정과 합리적인 보상은 과학에도 필요하다.

과학자는 무엇으로 사는가? 무엇이 이들을 계속 나아가게 하는가? "꿈의 소재인 그래핀 제작을 위해 한밤중에도 환한 불을 밝히고 있는 반응기의 온도는 섭씨 1,040도. 지금 당신의 삶 속 과학에 대한 열정은 몇 도입니까?" 수상작으로 뽑힌 사진 속의 어두운 실험실에서 마스크와 보안경을 착용하고 포즈를 취한 카이스트 대학원생이 물었다. 그런가 하면 카이스트 동측 식당 앞을 지나가던 다른 대학원생은 "제가 생각하는 과학은 어…… 제 밥벌이고요"라고 말했다. 대부분의 과학자들은 열정과 밥벌이 사이를 오가면서 산다.

　이제 진지한 질문을 던져보자. "당신에게 과학(공학)과 과학자(공학자)란 무엇인가?" 구질구질한 연구의 일상을 얘기할 때와 달리 과학자와 공학자들은 고상하고 엄숙한 언어를 사용했다. 물리학 박사과정 학생은 "과학은 이성적으로 사고해서 세계를 밝혀내는 것, 세계에 근접한 무언가를 만들어내는 것"이라고 대답했다. "공학은 사랑이라고 생각합니다"라고 말한 대학원생도 있었다. 어느 수학과 학생은 "수학은 예술"이고 "수학자는 예술가"라고 선언했다. 또 다른 학생은 "과학자는 성직자와 같다고 생각합니다"라고 조심스럽게 말했다.

　그들이 예술가이고 성직자라면, 그 예술과 종교는 현실의 비루함과 무관한 초월적 가치가 아니라 거기에 발을 담근 채 한 걸음씩 나아가는 과정일 것이다. 불문학자 황현산 선생은 2009년 국립중앙박물관에서 딱 9일 동안 특별전시된 진품 〈몽유도원도〉를 보기 위해 몇 시간씩 기다리며 줄을 따라 걸어가는 사람들에 대해 이렇게 썼다. "저마다 자기들이 서 있는 자리보다 조금 앞선 자리에 특별하게 가치 있는 어떤 것이 있기를 바랐고, 자신의 끈기로 그것을 증명했다(『밤이 선생이다』 27쪽)." 과학자의 '몽유도원도'는 절로 존재하는 꿈같은 세계가 아니라 매일 똑같은 일을 하며 데이터를 쌓아가는 끈기의 결과다. 과학자는 지겹게 반복되는 연구의 일상을 통과하여 그 너머의 어떤 차원에 도달할 수 있기를 바란다. 황현산 선생은 또 고교 시절 사뮈엘 베케트의 〈고도를 기다리며〉 공연을 보고 느낀 바를 이렇게 표현했다. "이해할 수는 없어도 거기에 중요한 무언가가 있다는 것은 알았으며, 우리가 일상 쓰는 언어로 우리가 사는 세계와 전혀 다른 세계를 만들어낼 수 있다는 사실에 놀랐다(『밤이 선생이다』 28~29쪽)." 과학자들이 자신이 연구하는 대상에서 느끼는 어떤 경외감, 또 과학자들이 밝혀낸 자연의 이치를 마주하는 우리의 기분도 이와 비슷할 것이다. 그것은 또한 지루하게 밥벌이를 하고 있지만 거기에 매몰되지 않으면서 그 속에서 세계의 진실 한 조각을 발견하고 만들어가는 많은 생활인이 품는 희망이기도 하다.

동료 과학자, 공학자들에게 하고 싶은 말을 물었을 때, 학생들은 강의실에서, 기말보고서에서, 심지어는 술자리에서도 쉽게 듣지 못했던 얘기를 해주었다. 젊은 과학자들의 말은 그야말로 교과서적이었고 그래서 낯설었지만 울림이 있었다.

"우리 영혼 없는 공부는 하지 맙시다."

"생명을 위협하는 짓은 좀 하지 맙시다."

"우리 개인의 욕심을 위한 연구는 하지 맙시다."

"유의미한 데이터를 위해서 자신의 양심을
속이는 일은 하지 맙시다."

그리고 무엇보다,

"과학자 여러분, 우리 포기하지 맙시다."

우리가 만난 과학자들 모두가 노벨상을 꿈꾸는 것은 아니었고 그래야 할 필요도 없어 보였다. 한 학생이 "저는 프라이드가 있거든요, 우리는 과학하는 사람이니까"라고 말했을 때는 그것으로 충분하겠다 싶기도 했다. "공학자는 지금 시대에서는 노예라고 생각합니다. 누가 좀 풀어주면 좋겠는데……"라는 말을 들었을 때는 마음이 무거웠다. 우리 사회에서 일하고 살아가는 누구나 그렇듯이 과학하는 사람들도 자신의 생각과 처지를 말하고 싶어하고 변화를 바라고 있었다. 과학 지식의 심오함을 칭송하거나 경제 효과를 독촉하면서 그것을 만들어내는 과학자의 삶에 무관심할 수는 없다.

"과학도 사람이 하는 일"이라는 뻔한 말을 새삼스레 떠올린다. "왜 과학을 하는가"라는 물음에 대한 두 사람의 대답이 기억에 남아서다. 하나는 간결해서 아름다웠다. "거기서 자유를 발견했으니까요." 다른 하나는 두서없이 길어서 짱했다. "딱히 정해진 게 없고 진짜 제가 하고 싶어서, 그냥 이유가 없고 그냥 진짜 뭐, 왜 하는지라고 이유를 말할 수 없을 정도로 그냥, 네, 그냥 하고 싶어서 하고 있는 거고요."

　　사람을 자유롭게 하고 사람에게 까닭 없는 기쁨을 주는 과학, 그런 오래된 과학을 하려는 사람들이 아직 남아 있다.

과학자는 누구인가

선을 넘는 과학자

국립기상과학원장을 지낸 대기과학자이자 2019년 봄에 나온 『파란하늘 빨간지구』라는 책의 저자인 조천호 박사는 페이스북에 "공무원을 그만둔 지 1년 좀 넘어 공무원 감각을 완전히 잃어버렸네요"라고 적었다. 『주간경향』과 기후변화에 대해 인터뷰를 하면서 "되돌릴 수 없는 악순환을 막기 위한 정치적 행동에 나설 때"라고 말한 것을 소개하면서 덧붙인 말이다. 예전처럼 공무원 신분이었다면 굳이 그런 말을 하지는 않았을 것이라는 뜻으로 읽힌다. 공무원으로서, 특히 '과학 공무원'으로서 '정치적 행동'을 언급하는 것은 조심스러울 수 있었겠지만, 지금 그가 '과학자'로서 기후와 인류의 미래를 경고하고 행동을 촉구하는 것은 남다른 무게를 지닌다.

　조천호 박사는 또 2019년 1월 『한겨레』 온라인판 기고에서 정부가 미세먼지 저감 대책의 하나로 실시하려는 인공강우 실험을 과학적 근거가 부족한 "현대판 기우제"라고 비판하여 널리 공감을 받았다. 그는 "하지 말아야 할 것을 결정하는 것은 해야 할 것을 결정하는 것만큼 중요하다"라며 미세먼지라는 총체적인 난국에서 과학의 자리와 역할이 무엇인지에 대한 정부의 고민이 부족하다는 점을 지적했다. 정부가 복잡한 문제를 조바심 내지 않고 끈기 있게 해결하는 "진짜 실력"을 보여주어야 한다는 것이다.

　기후변화에 대한 친절한 설명과 묵직한 제안이 많은 그의 책에서 특히 눈길을 끈 것은 그가 국립기상과학원을 떠나면서, 그러니까 '과학 공무원'을 그만두면서 썼다는 글이다. 그는 국가가 설립한 과학 연구 기관이 추구하는 바가 무엇이어야 하는지 물었다. "성과는 우리가 일함으로써 얻게 되는 결과이지, 목적이 될 수 없습니다. 성과가 국가 연구개발의 목적이라면, 우린 이유도 모른 채 결과를 만드는 조직폭력배와 다를 게 없습니다." 한반도와 그 주위의 날씨와 기후를 연구하고 기상재해와 기후변화에 대비하는 과학 연구 조직이 '실력'을 키우는 것이 아니라 '성과'를 내는 데에 에너지를 쏟아야 하는 현실을 엿볼 수 있다.

　조천호 박사가 '공무원 감각'을 내려놓으면서 조심스럽지만 또렷이 말해온 것들은 과학과 정부, 과학과 정치, 과학과 세상을 어떻게 연결할지에 대한 고민이다. 과학자는, 특히 공무원 과학자는 정부와 정치의 일에 동원되는 경우가 많지만, 막상 과학 지식을 바탕으로 정부와 정치에 대해 스스로 말하려 하면 과학의 경계 밖으로 나오지 말라는 충고나 지시를 받는다. 기후변화나 미세먼지 문제에서 보듯이 과학이 세상을 나아지게 하는 데에 기여하려면 과학 지식이 정치적 행동으로 연결되어야 하고, 과학 지식을 두고 정부가 해야 할 일과 하지 말아야 할 일을 자유롭게 토론해야 하지만 그런 연결 통로는 일선 과학자에게 열려 있지 않다. 무엇을, 어떻게, 왜 연구해야 할지에 대한 논의에서 과학자 혹은 과학 공무원이 목소리를 내기 어려울 때도 있다. 과학과 정치가 근본적으로 얽혀 있는 사안에서도 과학적 발언과 정치적 발언을 분리하라는 무언의 압박을 느낀다.

　과학과 정치의 경계가 무의미하다거나, 과학도 다 정치적인 것이니 과학자가 무슨 말을 하든 상관하지 말자는 얘기는 아니다. 과학과 정치에는 각각 고유한 작동 방식과 문화가 있고 그 경계를 존중해야 할 이유가 있다. 우리에게 필요한 것은 그 경계를 제대로 인지하면서 그 위를 더 분주하게, 더 생산적으로, 더 창의적으로 넘어 다닐 수 있는 통로와 사람이다. 자기 검열을 하거나 직을 걸지 않고서도 지구에 도움이 될 과학, 정부에 필요하거나 필요하지 않은 과학, 또 과학이 요구하는 정치에 대해 과학자가 말할 수 있도록 보장해야 한다. 선을 넘는 과학과 과학자가 더 많아질 때 경계선 양쪽이 모두 발전한다.

4월 21일은 '과학의 날'이었다. 과학이 얼마나 신나고 재미있는지 어린이와 어른들에게 알려주려는 행사가 전국에서 열렸다. '과학의 날'은 또한 과학이 이 세계와 지구에 대해서 무엇을 말해주고 있는지 알리는 날로 삼을 수 있다. 바로 다음 날인 4월 22일이 '지구의 날'이기도 하기 때문이다. 기후변화로 인한 파국의 가능성을 과학이 경고하고 있다는 어두운 소식도 포함되어야 하겠다. 조천호 박사가 요청했듯이 과학이 지구로 연결되려면 어떤 정치적 행동이 필요한지 토론하는 자리가 열리면 더 좋겠다.

과학자는 누구인가

과학으로 단결하기

2019년 7월 23일 스웨덴 출신의 16살 청소년 그레타 툰베리가 프랑스 의회의 연단에 섰다. 등교 거부 운동을 비롯한 국제적인 기후위기 행동의 아이콘이 된 툰베리는 의회의 초청을 받아서 온 것이었지만, 일부 보수 정당 의원들은 툰베리의 연설을 보이콧했다. '종말의 구루'가 떠드는 불길한 말을 들을 필요가 없다는 것이었다. 나이도 많고 권력도 많은 정치인들이 왜 한 청소년의 연설을 두려워했을까.

'종말의 구루'가 어떤 말을 하는지 궁금해서 12분짜리 프랑스 의회 연설 영상을 찾아보았다. 툰베리의 연설은 공격적이고 자극적인 선동으로 가득 차 있지 않았다. 그저 과학자들이 작성한 '기후변화에 관한 정부 간 협의체IPCC' 보고서를 되풀이하여 인용하고 있을 뿐이었다. "(우리가 위기를 과장하고 있다는 비판에 답하기 위해) 저는 최신 아이피시시 보고서 제2장, 108쪽을 참조하고자 합니다." 거기에는 지구 온도 상승을 1.5도 이내로 제한할 수 있는 확률이 67%가 되려면 2018년 초부터 계산해서 우리가 배출할 수 있는 이산화탄소가 420기가톤밖에 남지 않았다는 내용이 들어 있다.

과학 논문이나 보고서를 읽고 인용하는 것은 과학 전공자라면 한 사람도 빠짐없이 늘 하는 일이다. 그러나 툰베리와 그의 동료들이 아이피시시 보고서에 담긴 숫자를 인용하는 것은 과격한 정치적 행위로 인식되고 있다. 이들의 기후 행동을 곱지 않은 시선으로 보는 정치인, 관료, 기업가, 언론인들에게 툰베리는 다시 한번 과학을 인용했다. "과학은 명확합니다. 우리 어린이들은 오직 일치된 과학을 전달하고 그에 맞춰 행동하려는 것입니다." 어른들의 눈총을 받는 툰베리는 스스로를 '어린이'라고 부르면서 '어린이'의 말은 듣지 않아도 좋지만 제발 과학자들의 말을 들어달라고 호소했다. "그것이 우리가 바라는 전부입니다. 과학의 뒤에서 단결하십시오!"

같은 날 서울의 그린피스 한국사무소 회의실에서는 '기

후위기를 걱정하는 한국 시민·종교·사회단체·정당 집담회'
가 열렸다. 미국 뉴욕에서 9월 23일에 개최될 유엔 기후행동
정상회의에 맞춰 각국 정부를 압박하려는 국제적 '기후파업'
에 동참하는 한국의 시민행동을 기획하는 자리였다. 이 집담
회 제안문도 과학을 인용하는 것으로 시작하고 있었다. "파
국적인 기후위기가 다가오고 있습니다. 과학자들은 '탄소예
산'을 통해서 전 지구적 기온 상승 2도 혹은 1.5도 목표를 지
키기 위해서 남은 시간이 10년 정도밖에 없다고 계산하고
있습니다." 지구의 위기를 말하는 자리에서 과학과 과학자
는 반가운 존재였다. 집담회에 참석한 한 과학기술인단체의
자기소개가 끝나자 사회자는 이렇게 환영했다. "우리가 과
학자들로부터 배워서 이렇게 활동을 하고 있지만, 과학자들
이 직접 함께해 주신다니 천군만마를 얻은 것 같습니다."

　　물론 기후위기 집담회에 참석한 사람들이 평소 과학에
대해 모두 같은 생각을 하지는 않았을 것이다. 누군가는 과
학기술이 현재의 위기를 일으킨 문제의 일부라고 생각하고,
누군가는 과학기술이 현재의 위기를 해결해줄 희망이라고
믿을 것이다. 생명의 기원과 종의 진화와 멸종에 대한 생각
도 다를 수 있다. 툰베리의 요청대로 과학으로 단결하기는
사실 쉬운 일이 아니다. 하지만 크고 작은 차이에도 불구하

고 과학자, 환경운동가, 노동운동가, 인권운동가, 신부님, 수녀님들이 한 회의실에 모여 토론할 수 있었던 것은 모두 "뭔가 대단히 잘못됐다"라는 인식을 공유했기 때문이다. 분야와 세대를 뛰어넘는 공감을 이끌어내는 데에 과학과 과학자는 중요한 기여를 해왔다.

이날 집담회에서 한국의 '기후위기 비상행동'은 2019년 9월 21일 토요일에 열기로 결정되었다. 기후파업과 비상행동을 실시하는 데 이어 지구와 인간이 심각한 '비상사태'에 돌입했음을 선언하는 것은 과학의 힘만으로는 불가능한 영역이다. 과학 논문과 보고서를 참조하고 인용하는 것만으로 정치인과 기업과 언론을 움직일 수는 없다. 그러나 7월 23일 그린피스 회의실에서 그러했듯이, 기후와 지구와 인간의 미래를 다루는 공론장에 과학자의 자리가 없는 것은 상상하기 어렵다. 과학과 과학자는 이제 공감에서 행동으로 나아가는 정치적, 윤리적 과정에 참여해달라는 요청을 받고 있다. 과학은 언제나처럼 복잡한 문제의 일부인 동시에 해법의 일부가 될 것이다.

출처

1장. 코로나19 속 과학과 삶

- 코로나19 시대의 전문가:『한겨레』 2020년 4월 10일 자에
  같은 제목으로 게재.
- 선생과 학생은 만나야 할까:『한겨레』 2020년 3월 13일 자에
  같은 제목으로 게재.
- 코로나19와 인공지능 예술가:『arte [365]』 2020년 6월 15일 자에
  「위험 속에서 예술이 마주해야 할 것은」이라는 제목으로 게재.
- 숫자 너머의 고통:『한겨레』 2021년 5월 7일 자에
  「인도에서 쏟아지는 '숫자 너머'의 고통」이라는 제목으로 게재.
- 코로나19 재난 보고서를 쓴다면:『한겨레』 2020년 9월 25일 자에
  같은 제목으로 게재.
- 알파고 5년, 후쿠시마 10년:『한겨레』 2021년 3월 19일 자에
  같은 제목으로 게재.

2장. 사람을 살려내는 과학

- 4월에 구하다:『한겨레』2019년 4월 12일 자에 같은 제목으로 게재.
- 김용균 보고서를 읽고:『한겨레』2019년 8월 30일 자에
  같은 제목으로 게재.
- 휴지조각이 되지 않도록:『한겨레』2019년 11월 29일 자에
  같은 제목으로 게재.
- 집단 사망의 과학:『한겨레』2020년 7월 31일 자에 같은 제목으로 게재.
- 깊은 바다를 비추는 과학:『한겨레』2019년 12월 27일 자에
  같은 제목으로 게재.
- 공무수행 과학의 애로:『한겨레』2019년 2월 15일 자에
  같은 제목으로 게재.
- 민식이가 남긴 숙제:『한겨레』2020년 5월 8일 자에 같은 제목으로 게재.
- 엄마는 딸을 만났을까:『한겨레』2020년 2월 14일 자에
  같은 제목으로 게재.
- 2인 1조 김용균의 가상현실:『한겨레』2021년 2월 19일 자에
  같은 제목으로 게재.

3장. 살 만한 곳을 위한 과학과 정치

- 두 개의 태블릿:『한겨레』2016년 11월 18일 자에「태블릿」이라는
  제목으로 게재.
- 살 만한 곳:『한겨레』2016년 12월 16일 자에 같은 제목으로 게재.
- 가상현실과 체험사회:『한겨레』2017년 3월 10일 자에
  같은 제목으로 게재.

출처

- 과학의 위기, 민주주의의 위기:『한겨레』2017년 5월 5일 자에 「과학 지키기」라는 제목으로 게재.
- 더 나은 세상을 위한 과학: 월간『과학과 기술』2017년 5월호에 「과학이 있는 민주주의, 민주주의가 있는 과학」이라는 제목으로 게재.
- 과학기술의 헌법적 가치:『한겨레』2018년 1월 19일 자에 「헌법에 어울리는 과학기술」이라는 제목으로 게재.
- 4차 산업혁명과 민주주의:『녹색평론』2017년 여름호에 게재.
- 어떤 혁명을 권고할 것인가:『한겨레』2019년 11월 1일 자에 같은 제목으로 게재.
- '가짜뉴스'의 진짜 위험:『한겨레』2018년 11월 2일 자에 같은 제목으로 게재.
- 오만이든 이백만이든:『한겨레』2019년 10월 4일 자에 같은 제목으로 게재.

4장. 세월호학을 위하여

- 다 낡아빠진 그 철덩어리:『한겨레』2017년 4월 7일 자에 같은 제목으로 게재.
- 이해할 수 없는 것을 이해하기 위하여:『한겨레』2017년 6월 30일 자에 「세월호학의 가능성」이라는 제목으로 게재.
- 동수 아빠의 과학:『한겨레』2018년 4월 27일 자에 같은 제목으로 게재.
- 위로하는 엔지니어링:『한겨레』2018년 5월 18일 자에 같은 제목으로 게재.
- 물리학자 친구 없어요?:『한겨레』2018년 8월 10일 자에 같은 제목으로 게재.
- 4월의 과학:『한겨레』2021년 4월 9일 자에 같은 제목으로 게재.

- 안개 속에서 서서히 떠오르다: 2018년 8월 6일 세월호 선체조사위원회 활동을 종료하면서 발간한 종합보고서의 서론.
- 네덜란드 마린의 세월호 과학: 『한겨레』 2020년 4월 4일 자에 「마린의 끈질긴 '세월호 과학', 국제 여객선 안전기준 바꾼다」라는 제목으로 게재.
- 세월호, 무엇을 어떻게 조사해야 하는가: 『한겨레』 2018년 4월 17일 자에 「세월호 특조위는 무슨 기구이며, 뭘 조사해야 하는가」라는 제목으로 게재.

5장. 과학자는 누구인가

- 과학이라는 교양: 『한겨레』 2016년 8월 19일 자에 같은 제목으로 게재.
- 과학자와 피아니스트: 『한겨레』 2016년 9월 23일 자에 같은 제목으로 게재.
- 개기일식과 혐오: 『한겨레』 2017년 8월 25일 자에 같은 제목으로 게재.
- '네이처'와 역사: 『한겨레』 2017년 9월 22일 자에 같은 제목으로 게재.
- 과학자를 믿어도 될까요?: 『창작과 비평』 2016년 여름호(통권 172호)에 같은 제목으로 게재.
- 다양성의 힘: 『한겨레』 2018년 6월 15일 자에 「과학 다양성」이라는 제목으로 게재.
- 아무나의 과학에서 누군가의 과학으로: 『한겨레』 2017년 2월 10일 자에 「누군가의 과학」이라는 제목으로 게재.
- 조국을 떠미는 '억센 날개': 『한겨레』 2018년 9월 7일 자에 같은 제목으로 게재.
- 과학자의 몽유도원도: 『한겨레』 2014년 2월 26일 자 「열정과 밥벌이 사이… 과학자는 무엇으로 사는가」를 바탕으로 개작.
- 선을 넘는 과학자: 『한겨레』 2019년 5월 10일 자에 같은 제목으로 게재.

- 과학으로 단결하기:『한겨레』 2019년 8월 2일 자에 같은 제목으로 게재.

사람의 자리

사람의 자리
삶을 지켜내는 과학을 위하여
ⓒ 전치형 2021

지은이 전치형

펴낸이 주일우
펴낸곳 이음
출판등록 제2005-000137호 (2005년 6월 27일)
주소 서울시 마포구 월드컵북로1길 52 운복빌딩 3층
전화 02-3141-6126 | 팩스 02-6455-4207
전자우편 editor@eumbooks.com
홈페이지 http://www.eumbooks.com

편집 김소원
아트디렉션 박연주 | 디자인 권소연
홍보 김예지 | 지원 추성욱
인쇄 삼성인쇄

처음 펴낸날
2021년 9월 8일

페이스북
@eum.publisher
인스타그램
@eumbooks

ISBN 979-11-90944-33-5 04330
      979-11-90944-32-8 (세트)

값 16,000원